Annie Monnerie-Goarin
Marie-Chantal Kempf
Évelyne Siréjols

Champion 1

Méthode de français

Cahier d'exercices

CLE
INTERNATIONAL

ISBN : 978-2-09-033673-3

Avant-propos

Ce cahier d'exercices propose des activités complémentaires correspondant à chaque unité du livre de l'élève *Champion 1*.

Ces exercices portent sur le vocabulaire, la grammaire, la compréhension écrite, la phonétique, la graphie, la compréhension orale et la production écrite. Ils permettent d'approfondir les compétences déjà travaillées et de renforcer les acquisitions de la méthode.

Le vocabulaire utilisé reprend le vocabulaire « actif » des deux premières séquences, à dominante « oral » et « écrit », de chaque unité.

Ce cahier d'exercices permet de travailler les aspects lexicaux, grammaticaux et les activités de compréhension orale nécessaires à la préparation des unités A1 et A4 du DELF.

L'apprenant peut utiliser ce cahier d'exercices ainsi que la cassette sonore ou le CD en auto-apprentissage, la correction de tous les exercices figurant dans un livret.

On trouve également, à la fin de ce cahier, un lexique que l'apprenant pourra traduire dans sa langue maternelle, de façon à se constituer son propre dictionnaire.

Unité 1

Vocabulaire

1 Qu'est-ce qu'ils font?

1. ....   2. ....   3. ....   4. ....

2 Trouvez l'intrus: soulignez le mot qui ne va pas avec les autres.

• *Exemple:* Rennes – Paris – New York – <u>étudiant</u> – Bruxelles.

1. Secrétaire – épicier – jeune – pharmacien – ingénieur.

2. Le jour – l'année – la rue – le mois – l'heure.

3. Samedi – mercredi – septembre – dimanche – vendredi.

Grammaire

3 Complétez avec le verbe entre parenthèses à la forme correcte.

• *Exemple:* – Cécile, tu **as** quel âge? *(avoir)* – J'**ai** 28 ans. *(avoir)*

1. – Tu .... à Paris? *(habiter)*

     – Non, j'............................. à Rennes.

2. – Et Nicolas, qu'est-ce qu'il fait?

     – Il .... journaliste. *(être)* Il .... à *Ouest-infos. (travailler)*

3. – Bonjour Mattias, tu vas bien? Tu ....? *(travailler)*

     – Non, je .... étudiant. *(être)*

     – Ah, tu .... étudiant à Rennes? *(être)*

     – Oui, c'est ça.

     – Tu .... quel âge? *(avoir)*

     – J'............................. 26 ans. *(avoir)*

4 Posez la bonne question.

• *Exemple:* **Il habite où?** → Il habite 3, rue de Paradis.

Qu'est-ce qu'il fait? Qui est-ce? Qu'est-ce que tu fais?
Qu'est-ce qu'elle fait? Il habite où? Tu as quel âge?

1. – ....
   – C'est Cécile.

2. – ....
   – Elle est médecin.

3. – ....
   – J'ai 25 ans.

4. – ....
   – Il habite à Paris.

5. – ....
   – Je suis pharmacien.

6. – ....
   – Il est ingénieur.

Compréhension écrite

5 Trouvez le dessin correspondant au dialogue.

1. – Bonjour madame Leblanc.
      Comment allez-vous?
   – Bien, merci. Et toi, Pierrot?
   – Très bien, madame.

2. – Salut, Silvia, ça va?
   – Salut, Raoul.

3. – Bonjour Paul, tu vas bien?
   – Oui, monsieur.

a. ....
c. ....
b. ....

Écrire

M. Édouard Ledoux
Employé

Banque BNP – 21, av. de l'Opéra – 75008 PARIS

Mademoiselle Émilie Cordier
Pharmacienne

71, rue Gambetta – 78120 Rambouillet

6 Faites un petit texte pour les présenter.

Phonétique 🎧

7 Écoutez et mettez une croix quand vous entendez une question.

	a	b	c	d	e	f	g	h	i	j	k	l	m	n	o	p	q
Question																	
Réponse																		

8 Écoutez et répétez ces phrases. Marquez bien la différence d'intonation.

Questions

1. – Ça va?
2. – Qui est-ce?
3. – Qu'est-ce qu'elle fait?
4. – Elle habite ici?
5. – Elle travaille où?
6. – Elle est jeune?

Réponses

– Ça va très bien.
– C'est Mme Leroux.
– Elle est pharmacienne.
– Oui, elle habite à Rennes.
– Elle travaille rue Pasteur.
– Elle a bien 35 ans!

Graphie

9 Écrivez **je** ou j'.

1. .... suis étudiant.
2. .... ai 27 ans.
3. .... travaille à Bruxelles.
4. .... habite à Paris.
5. .... suis pharmacien.

> **Attention!**
> **Je** travaille à Rennes,
> **J'**habite à Saint-Brieuc,
> **J'**ai 29 ans.
>
> *Je* devant une consonne.
> *J'* devant *a e i o u* ou *h* muet.

10 Écrivez **il** ou elle.

1. Cécile, ... habite à Rennes.
2. .... est marocain.
3. .... est française.
4. .... est italienne, mais .... travaille en France.
5. Elle habite à New York, ... est américaine.

> **Attention!**
> masculin ➞ féminin + *e*
> *exemple:* français ➞ français**e**
>
> masculin *ien* ➞ féminin *ienne*
> *exemple:* ital**ien** ➞ ital**ienne**

Compréhension orale 🎧

11 Écoutez et mettez une croix devant la bonne réponse.

a. C'est...
☐ monsieur Lemoine
☐ monsieur Leroi
☐ madame Leroi

b. Il est...
☐ dentiste
☐ pharmacien
☐ médecin

c. Il a...
☐ 25 ans
☐ 35 ans
☐ 37 ans

d. Il habite...
☐ rue de la Poste
☐ rue Pasteur
☐ rue de France

e. Il travaille...
☐ rue de la Poste
☐ rue Pasteur
☐ rue de France

12 Écoutez et retrouvez le nom de ces personnes.
a. Numérotez les dessins et les fiches de 1 à 5.

```
Michel Petit,
29, rue de Rennes,
Paris 75006.
43 ans,
dentiste.
```

```
Marco Fratelli,
15, rue des Anglais,
Nice 06000.
Italien, 21 ans,
étudiant.
```

```
Pierre Marchand,
65, rue de France,
Lille 65000.
Belge, 43 ans,
ingénieur.
```

```
Marie Dubois,
3, place Charles-de-Gaulle,
Strasbourg 67000.
Française,
étudiante.
```

```
Mme Bouvard.
```

b. Réécoutez l'enregistrement et répondez aux questions suivantes.

Mme Bouvard, qu'est-ce qu'elle fait ?

– Elle est jeune ?

Elle a ☐ 30 ans ☐ bien 40 ans ☐ 50 ans

– Elle habite où ?

Elle habite ☐ à Lille ☐ à Nice ☐ à Dives

Unité 2

Vocabulaire

1 **Reliez par une flèche ces questions et ces réponses.**

• *Exemple :* Qu'est-ce que tu prends ? → Un thé.

1. Vous désirez ?

2. Qu'est-ce que vous prenez ?

3. Vous allez bien ?

4. Ça fait combien ?

5. Une bière, c'est combien ?

6. Qu'est-ce que vous faites ?

a. Je suis pharmacien.

b. Je voudrais un jus de fruits.

c. Deux cafés et un jus de fruits, ça fait 5 €.

d. C'est 2 €.

e. Une bière, s'il vous plaît.

f. Oui, je vais bien.

Grammaire

2 **Mettez un ou une devant les noms.**

• *Exemple :* **un** nom – **une** eau minérale.

.... bière   .... chocolat   .... rue   .... journal

.... Coca   .... nationalité   .... adresse   .... profession

3 **Mettez au pluriel les mots soulignés.**

• *Exemple :* un café → **des cafés.**

1. Dans un café, on peut prendre <u>un chocolat</u>, <u>une bière</u>, <u>un jus de fruits</u> ou <u>une glace</u>.

....

2. Dans un bureau de tabac, on achète <u>un journal</u> et <u>une carte postale</u>.

....

4 **Complétez avec le verbe prendre à la forme correcte.**

• *Exemple :* Il **prend** un jus de fruits.

SOPHIE. – Qu'est-ce que tu .... ?

CLAIRE. – Moi, je .... un café et un verre d'eau.

SOPHIE. – Et vous, M. Beauchêne, qu'est-ce que vous .... ?

M. BEAUCHÊNE. – Moi, une bière.

5 Complétez avec le verbe aller à la forme correcte.

MATTIAS : – Bonjour, madame Lemercier, comment .... -vous ?

MME LEMERCIER : – Je .... bien.

MATTIAS : – Et vos enfants, ils .... bien ?

MME LEMERCIER : – Oui, merci.

6 Complétez avec le pronom qui convient.

• *Exemple :* **Lui**, il est marocain.

CÉCILE : – ...., je voudrais un thé. Et ...., qu'est-ce que tu prends ?

JEAN : – ...., un café. Qu'est-ce qu'il fait, Marcel Dubois ?

CÉCILE : – ...., il est journaliste.

JEAN : – Ah bon, et madame Dubois ?

CÉCILE : – ...., elle est professeur.

Compréhension écrite

7 Dessin 1

1. Luc prend une bière   VRAI ☐   FAUX ☐

2. Il est jeune.   VRAI ☐   FAUX ☐

3. Martine prend un café.   VRAI ☐   FAUX ☐

4. Luc a un verre d'eau.   VRAI ☐   FAUX ☐

8 Dessin 2

1. Ana achète des timbres.   VRAI ☐   FAUX ☐

2. M. Besson vend des journaux.   VRAI ☐   FAUX ☐

3. M. Besson est journaliste.   VRAI ☐   FAUX ☐

1

2

Écrire

9 Complétez cette lettre.

> Monsieur,
>
> Je m' .... à votre magazine « Géosphère » .... un an : 45 €
>
> (12 numéros) .... 59 €. Je .... par chèque et je
>
> .... recevoir le stylo noir en .... Je ....
>
> recevoir le premier numéro de « Géosphère » au .... de janvier.
>
> Voici mon .... et mon .... :
>
> *Jean PHILIPPON, 14 avenue du Général-Leclerc 75014 PARIS*

Phonétique

10 Mettez une croix quand vous entendez le son [e] comme dans « caf**é** ».

	a	b	c	d	e	f	g
J'entends le son [e].							

11 Écoutez puis répétez.

Le son [e]

a. Vous avez un numéro de téléphone ?

b. Vous avez une étudiante chez vous ?

c. Deux cafés et une eau minérale !

d. Vous envoyez un catalogue été.

e. Vous demandez une réduction ?

Le son [ɛ]

f. Je voudrais un chèque de 67 francs.

g. Oui, elle est italienne.

h. S'il vous plaît, une bière !

i. Tu paies par carte bancaire ?

j. Qu'est-ce que vous faites ?

Graphie

12 Écoutez et complétez avec e, é, ez, è, es, est **ou** ai (aî).

1. J'...... 19 ans. Je suis ......tudiante. Je suis gr......cque.

2. C'est une Italienne. Elle ...... m......decin et elle habite ici.

3. Vous envoy...... un ch......que banc......re ou vous pay...... par carte bleue ?

4. Je voudr......s un num......ro de t......l......phone, s'il vous pl......t !

5. Tu ...... franç......se ? Non, je suis am......ric......ne.

Compréhension orale

13 **Écoutez et indiquez** vrai **ou** faux **pour chacune de ces phrases.**

1. L'homme commande un café.   VRAI ☐   FAUX ☐

2. L'homme demande un chocolat.   VRAI ☐   FAUX ☐

3. La femme prend une bière.   VRAI ☐   FAUX ☐

4. La femme commande un thé.   VRAI ☐   FAUX ☐

5. La femme paie.   VRAI ☐   FAUX ☐

6. Ça fait 6 euros.   VRAI ☐   FAUX ☐

7. Ça fait 3 euros.   VRAI ☐   FAUX ☐

8. Ça fait 4 euros.   VRAI ☐   FAUX ☐

14 **Numérotez les commandes dans l'ordre où vous les entendez.**

...... un thé

...... une glace

...... une eau minérale

...... une bière

...... un Coca

...... une menthe à l'eau

...... un chocolat

...... un café

15 **Écoutez et mettez une croix devant la bonne réponse.**

1. La jeune fille cherche…

☐ une carte postale

☐ une carte d'Europe

☐ une carte de France

☐ une carte de Paris

2. Elle demande aussi…

☐ un timbre à 1 euro

☐ un timbre à 50 centimes

☐ un catalogue

☐ un journal

☐ un magazine

3. Elle a un catalogue…

☐ il est gratuit

☐ c'est un cadeau

☐ un catalogue, c'est 2 euros.

4. La jeune fille paie…

☐ 5 euros

☐ 7 euros

☐ 8 euros

☐ 10 euros

Unité 3

Vocabulaire

1 Complétez les définitions et mettez les mots dans la grille.

1. Marco travaille dans un .... italien.

2. Je prends un bain ou une .... dans la salle de bains.

3. 61 €, c'est le .... d'une chambre pour deux personnes.

4. J'ai une chambre à l' .... de la Plage.

5. Il regarde un film à la ....

6. Nous voudrions une .... sur la cour.

Grammaire

2 Complétez avec un, une, le, la, l', les.

- *Exemple :* – Je cherche **un** hôtel.
  – À 100 m, vous avez l'Hôtel de **la** Gare.

Le client. – Je voudrais .... chambre pour deux personnes sur .... cour.

L'hôtelier. – J'ai .... chambre 304, au 3e étage.

Le client. – Il y a .... télévision ?

L'hôtelier. – Oui, toutes .... chambres ont .... télévision et .... téléphone.

Le client. – Il y a .... restaurant dans l'hôtel ?

L'hôtelier. – Oui, monsieur, ... restaurant est ouvert de 12 h à 14 h et de 19 h à 22 h.

3 Mettez ce dialogue au pluriel.

– Bonjour, comment vas-tu ?   – ....

– Je vais bien.   – ....

– Qu'est-ce que tu fais ?   – ....

– Je suis étudiant.   – ....

– Tu habites où ?   – ....

– J'habite dans un appartement*   – ....
au centre-ville.
                                       ....

(*Laissez au singulier.)

4 Reliez les éléments entre eux : mettez une croix dans la bonne colonne.

	est	travaillons	allez	va	font	faites	prend	veulent	ont	veut	avons	prends	ai
je													
il													
j'													
vous													
elle													
ils													
nous													
elles													

5 Faites des phrases à partir des éléments donnés.

• *Exemples :*

 Il aime le Coca.

 Il n'aime pas le thé.

1.

....

2.

....

3.

....

Compréhension écrite

6 Monsieur Berthon cherche un appartement de deux pièces, il lit cette annonce.

	Vrai	Faux
1. Cet appartement est un quatre pièces.	☐	☐
2. Il y a une chambre.	☐	☐
3. Il est au deuxième étage.	☐	☐
4. Il est loin du métro.	☐	☐
5. C'est un appartement à louer.	☐	☐

À VENDRE
MONTREUIL, prox. métro
F2   50 m²
compr. sdb, cuis, 1 ch, 1 séjour,
3ᵉ ét. – Très bon état
53 357 €

Écrire

7 **Vous lisez cette annonce dans un journal.**

Vous écrivez à l'agence et vous posez cinq questions sur l'appartement à louer.

À louer
F2   40 m²
Agence Roule

....

....

....

Phonétique

8 Écoutez et soulignez les liaisons que vous entendez.

1. – Vous êtes espagnole ? – Non, je suis italienne.

2. Je voudrais un appartement dans un immeuble avec ascenseur.

3. Vous avez une chambre avec salle de bains ?

4. Ils sont anglais et ils habitent à Londres.

5. C'est un hôtel rue des Amis.

9 Écoutez et rayez les « e » que vous n'entendez pas.

1. Elle demande une chambre avec douche.

2. Il commande un Coca et je voudrais une eau minérale.

3. Elle travaille à Paris et elle habite aussi à Paris.

4. La cliente cherche une personne petite et calme.

5. Rue de l'Intendance elle a une pièce à vendre.

Graphie

10 Transformez cette annonce : remplacez je par elle.

Je m'appelle Birgit Hansson, je suis suédoise, j'ai 20 ans et j'étudie le français. J'habite à l'hôtel, mais je cherche une chambre dans une famille française, avant le 1er septembre (01 82 33 65 08).

Elle s'appelle ....

....

....

11 Reliez les éléments correspondants par une flèche.

1. vingt-deux	**a.** 201
2. trente et un	**b.** 500
3. cent deux	**c.** 21
4. huit	**d.** 102
5. dix-sept	**e.** 17
6. deux cent un	**f.** 31
7. cinq cents	**g.** 22
8. vingt et un	**h.** 8

Compréhension orale

12 Écoutez ces enregistrements laissés sur le répondeur téléphonique d'une agence immobilière et trouvez ceux qui correspondent à ces deux petites annonces.

> Jeune femme cherche à Marseille appartement de deux ou trois pièces à louer dans un immeuble moderne avec ascenseur dans le centre-ville.
>
> **Tél Mlle Leroi : 04 86 71 20 54.**

> CHAMBRE À LOUER de septembre à juin pour jeune étudiant(e).
> Prix intéressant mais petit confort.
> Tél Mme Louison
> (ou laisser message) : 01 43 85 39 20.

1. ....   2. ....

13 Écoutez et remplissez la grille.

Tarifs	Chambre simple	Chambre double
Sans salle de bains		
Avec salle de bains		

Unité 4

Vocabulaire

1 Complétez cette grille avec huit lieux d'une ville.

Grammaire

2 Complétez avec au, à la, à l'.

– Tu habites ici, toi aussi ?

– Oui, moi, j'habite .... 2ᵉ étage.

– Pour aller .... Tour Onyx, s'il vous plaît ?

– C'est facile, vous allez .... poste et c'est la première rue à gauche.

– Je voudrais aller .... hôtel du Lac.

– Eh bien, vous allez sur la place et c'est la deuxième rue à droite.

3 Trouvez l'adjectif de nationalité.

• *Exemple :* Elle habite au Brésil → elle est **brésilienne**.

1. Nous habitons en Espagne → ....

2. Je travaille en Allemagne → ....

3. Elle travaille en France → ....

4. Elle habite au Portugal → ....

4 Mettez ces groupes du nom au féminin.

1. Un libraire américain → ....

2. Un dentiste italien → ....

3. Un client japonais → ....

4. Un secrétaire grec → ....

> **Attention !**
>
> *masculin :* un étudiant allemand
> *féminin :* un**e** étudiant**e** allemand**e**
>
> *masculin :* un jeune Français
> *féminin :* un**e** jeune Français**e**

5 Mettez les noms et les adjectifs au masculin quand ils sont au féminin et au féminin quand ils sont au masculin.

Il s'appelle Carlo, c'est un jeune pharmacien italien. Il est grand et calme.

Elle s'appelle Carla, ...

Elle s'appelle Irène. Elle est grecque. Elle a 25 ans, elle est petite. C'est une bonne étudiante.

Il s'appelle Kostas. ....

6 Remettez ces phrases dans l'ordre.

1. c'est / blanche / petite / une / maison → ....

2. le / italien / nous / café / aimons → ....

3. est / Bruxelles / grande / une / belge / ville → ....

4. une / c'est / postale / belle / carte → ....

Compréhension écrite

7 a. Regardez et lisez ces indications.

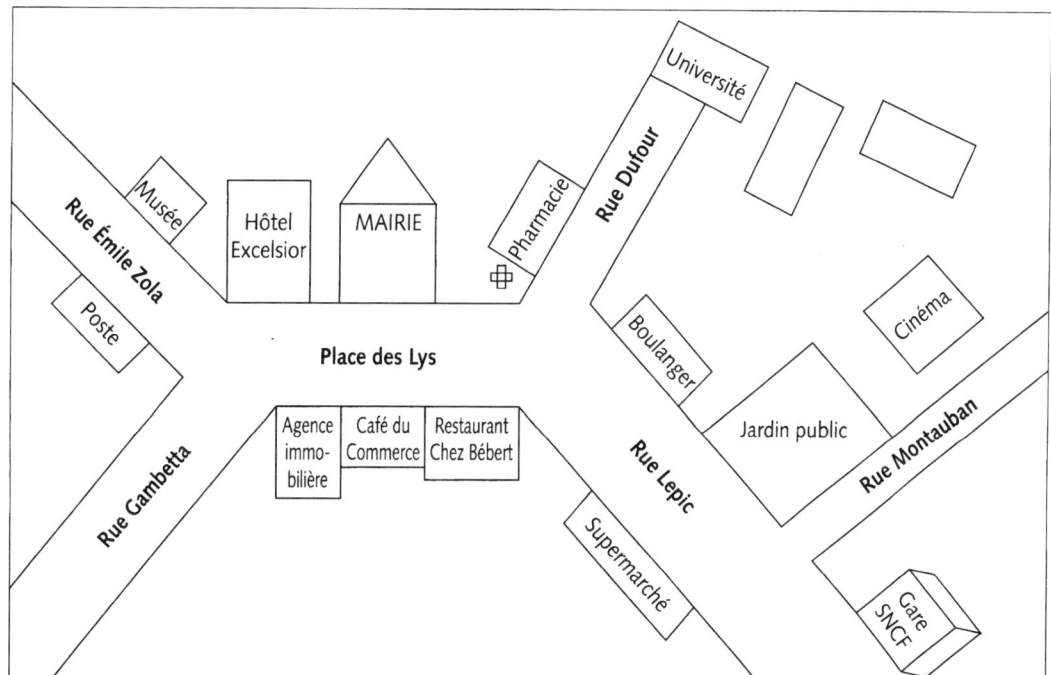

Je suis **dans** la rue Gambetta ; pour aller à la mairie, je **passe devant** l'hôtel Exelsior. Quand je suis **sur** la place des Lys, je tourne **à droite** pour aller au jardin, et pour aller au musée, je prends **à gauche**. Quand je suis à la pharmacie, pour aller à l'université, c'est **tout droit**. Quand je suis au restaurant *Chez Bébert*, je dois **traverser** la rue Lepic pour aller chez le boulanger. La pharmacie est **au coin de** la place des Lys et de la rue Dufour. L'agence immobilière est **à côté du** Café du Commerce et le café est **entre** l'agence immobilière et le restaurant. Le cinéma, lui, est **derrière** le jardin et la poste se trouve **en face du** musée.

Maintenant, vous connaissez les localisations.

b. Donnez l'expression qui correspond à chaque dessin (d et e sont des verbes).

a   b   c   d   Poste   e   f

g   h   i   j   k

a. ....   b. ....   c. ....

d. ....   e. ....   f. ....

g. ....   h. ....   i. ....

j. ....   k. ....

Écrire

8   **Regardez le plan 7. Juliette est au musée. Indiquez-lui le chemin pour aller :**

1. à la gare SNCF : ....

....

2. à l'université : ....

....

Phonétique

9   **Écoutez et rayez la lettre d quand vous ne l'entendez pas.**

1. Le salon est très grand.   **4.** Il vend un lit double.

2. Mattias est allemand.   **5.** Qu'est-ce qu'elle attend ?

3. Ils travaillent quand ?   **6.** Elle habite boulevard Lenoir.

10   **Écoutez et rayez la lettre t quand vous ne l'entendez pas.**

1. Continuez tout droit.

2. Il est étudiant en maths.

3. Je voudrais un certificat de scolarité, s'il vous plaît.

4. Vous avez un passeport ?

5. Les enfants sont dans la rue.

6. C'est un agent immobilier.

7. Ça fait combien un chocolat ?

11 Écoutez ces phrases et mettez une croix quand vous entendez le son t.

1. ☐ Ça fait huit francs.
2. ☐ C'est tout ?
3. ☐ C'est droit.
4. ☐ Elle attend.

5. ☐ C'est devant l'immeuble.
6. ☐ On est dimanche.
7. ☐ C'est un grand Allemand ?
8. ☐ Non, c'est un petit Espagnol.

12 Écoutez et écrivez.

....

....

Graphie

13 🎧 Écoutez et complétez avec d, t ou th.

1. C'est à ....roi...........e, pas à gauche !
2. Christine est gran...........e et blon...........e.
3. Tu vas au ....éâ...........re ?
4. À l'hô...........el du Globe, ...ou...........es les chambres ont la ....élévision.
5. Mon père est ....en...........iste.
6. ....u prends un café ou un ....é ?

Compréhension orale

14 Écoutez ces indications et dessinez sur le plan le chemin indiqué. Indiquez sur le plan la rue de la Poste, l'avenue de Madrid et le boulevard des Italiens.

Cinéma

Poste

✕ Vous êtes ici

Feux tricolores ⬤◯◯   Feux tricolores ⬤◯◯

Unité 5

Vocabulaire

1 Retrouvez le titre de ces films. Écrivez les nombres.

1. Les .... dalmatiens. (101)

2. Les .... marches. (39)

3. .... hommes et .... couffin. (3) (1)

4. Les .... coups. (400)

5. .... hommes en colère. (12)

Grammaire

2 Écrivez le verbe entre parenthèses au présent.

– Tu *(pouvoir)* .... venir ce soir?

– Je *(être)* .... désolée, je *(aller)* .... chez Sophie et Louis.

Ils m'*(inviter)* .... pour l'anniversaire de Sophie.

– Vous *(téléphoner)* .... à Mme Michaux; mais elle ne *(travailler)* .... pas

aujourd'hui, je *(croire)* ....

– J'*(avoir)* .... envie d'aller au théâtre dimanche. Ça te *(convenir)* .... ?

– Le théâtre, je n'*(aimer)* .... pas beaucoup ça. Mais je *(être)* .... d'accord

pour aller au cinéma.

– Vous *(ralentir)* .... et au feu, vous *(prendre)* .... à gauche.

Vous *(continuer)* .... tout droit et vous *(arriver)* .... chez moi.

– Je *(pouvoir)* .... parler à M. Juarez, s'il vous plaît?

– Vous *(attendre)* .... cinq minutes, il *(être)* .... occupé.

– Ah bon. Je ne *(pouvoir)* .... pas attendre alors j'*(appeler)* .... ce soir. Merci.

3 a. Associez les éléments qui vont ensemble.

Mme Leroux cherche   ■   ■ leur nouvelle maison.

À 10 h, j'ai   ■   ■ votre adresse?

Nous attendons des amis pour ■   ■ mon cours de tennis.

M. et Mme Vial aiment bien   ■   ■ ton appartement?

Vous pouvez me donner   ■   ■ ses papiers d'identité.

Tu n'aimes pas   ■   ■ nos 40 ans de mariage.

b. Complétez ces phrases par des adjectifs possessifs.

1. Nathalie prend .... café à 10 h 30 avec .... amis.

2. Je vais chez M. et Mme Moine; .... salon est très grand et .... chambres sont au premier étage.

3. Donne-moi .... nom, ... adresse et je t'envoie .... livres.

4. Je vais à un mariage: .... sœur se marie samedi.

5. – Madame, vous avez .... papiers?

.... papiers? Vous voulez .... permis de conduire ou .... carte d'identité?

4 **Où vont-ils? Regardez ces dessins et remplissez les bulles.**

1

2

3

4

5

6

5 **Mettez l'article qui convient.**

1. Je cherche .... livre, ... livre bleu de mathématiques.

2. C'est .... nom italien? Oui, c'est .... nom du dentiste, il est italien.

3. Prends .... passeport de Louis, il est dans .... salon.

4. Je voudrais .... chambre avec .... lit pour .... personne.

5. Votre chambre, c'est .... chambre 12. Elle est très claire et elle donne sur .... jardin.

6. .... café et .... bière, ça fait combien?

6 Observez ces documents et remplissez le tableau.

Type de loisir	Nom	Lieu
....	....	....
....	....	....
....	....	....
....	....	....
....	....	....

1

La cantatrice chauve

D'Eugène Ionesco, mise en scène Nicolas Bataille.
Avec les comédiens du Théâtre de la Huchette.
Depuis 48 ans, le Théâtre de la Huchette affiche cette pièce de Ionesco qui dresse l'autopsie de la société contemporaine par le truchement de propos ridicules par leur banalité que tiennent deux couples au coin du feu.
Ionesco dissects contemporary society through the ridiculous and banal conversations between two couples.

Huchette – 23, rue de la Huchette (75005 PARIS) – 01 43 26 38 99.
À 19 h du lundi au samedi. Pl. : 15 €.

2

■ **DIS-MOI QUE JE RÊVE.** 1998. 1 h 35. Comédie dramatique française en couleurs de Claude Mouriéras avec Muriel Mayette, Frédéric Pierrot, Vincent Dénériaz, Cédric Vieira, Julien Charpy.
Julien, 19 ans, passe au mieux pour un doux dingue, au pire pour un débile. Un thérapeute suit la famille dont les membres réagissent différemment au problème...
Une comédie sur la différence et la solidarité familiale, récompensée par le prix Jean Vigo 98.
Le BALZAC – 1, rue Balzac – 75008 Paris.

3

"LE BISTROT ART DÉCO"

Le Petit Zinc
Une cuisine traditionnelle et un accueil chaleureux

7j/7 de 11 h à 2 h du matin
11, rue Saint-Benoit, 6 – LYON
Rés. 04 42 61 20 60 –

4

MUSIQUES AFRICAINES

5

Cinéscénie du Puy du Fou

Un spectacle unique au monde

son et lumières

7 Voici l'agenda de Valérie. Écrivez ce qu'elle fait vendredi et samedi.

Vendredi 17 octobre
13 h déjeuner avec mes parents
18 h cours de tennis
20 h restaurant avec Édouard

Samedi 18 octobre
10 h piscine avec Julie
14 h leçon de piano
19 h cinéma avec Odile et Pierre

Phonétique

8 Écoutez et mettez une croix dans la bonne colonne.

	a	b	c	d	e	f	g	h	i	j
[ɑ̃] comme dans *grand*										
[õ] comme dans *bon*										

9 Écoutez et dites combien de fois vous entendez le son [ɑ̃].

a. .... fois **b.** .... fois

Écoutez et dites combien de fois vous entendez le son [õ].

c. .... fois **d.** .... fois

Graphie

10 Écoutez et écrivez.

1. Ils v............................ au r............................ .

2. M............................ amie Cécile a une m............................ à la c............................pagne.

3. Il a une ch............................ d............................ le c............................-ville.

4. C'est c............................ ? C............................ c............................ fr............................ .

5. Ce s............................ des e............................ . Ils .... trois a............................

Compréhension orale

11 Écoutez ces mini-dialogues et complétez le tableau.

Ils prennent rendez-vous.

	quel jour?	à quelle heure?	où vont-ils?
dialogue 1			
dialogue 2			
dialogue 3			
dialogue 4			

Unité 6

Vocabulaire

1 Dans chaque série, barrez l'intrus.

• *Exemple :* maison, immeuble, hôtel, ~~train~~.

1. un tarif, une réduction, un prix, un séjour.

2. couloir, fenêtre, première classe, non fumeur, date.

3. je voudrais, j'ai envie, je suis, je désire.

Grammaire

2 a. Complétez par le verbe qui convient au présent.

– Vous .... Londres ? Moi, je .... en Angleterre samedi.

J' .... des amis anglais, ils .... à côté de Londres. Ils m' ....

une semaine. Je .... l'Eurostar le matin et j' .... à midi.

Ce n' .... pas cher, je .... 145 € l'aller-retour.

– C' .... bien. Vous .... de partir avec vos enfants ?

– Non, vous .... venir avec moi, si vous ....

– Merci, je ne .... pas.

b. Écrivez ces verbes au pluriel.

• *Exemple :* Je vais à Paris. → **Nous allons** à Paris.

1. Elle va en Grèce. → ....

2. Je prends le train ? → ....

3. Je pars samedi. → ....

4. Tu peux parler le français. → ....

5. Elle envoie des cartes postales. → ....

6. Il a des amis américains ? → ....

7. Je paie par carte bleue. → ....

8. Tu prends le train ou l'avion ? → ....

9. Elle veut partir en Allemagne. → ....

3 Répondez en employant des pronoms compléments.

• *Exemple:* Tu cherches ton passeport? → Oui, mon passeport, je **le** cherche.

1. Vous avez votre billet d'avion?   → ....
2. Vous payez les nuits d'hôtel?   → ....
3. Elle prend sa carte « Jeune » ?   → ....
4. Ils connaissent les dates du voyage?   → ....
5. Nous prenons le forfait train-hôtel?   → ....

4 a. Faites des phrases complètes à partir des éléments donnés et utilisez les verbes: habiter, travailler, aller, être, partir.

• *Exemple:* Espagne, Madrid. → Vous **allez en Espagne, à Madrid.**

1. Houston, États-Unis → Je ....
2. Belgique, Bruges → Nous ....
3. Quito, Équateur → Il ....
4. Rio, Brésil → Ils ....
5. Philippines, Manille → Tu ....

b. Complétez ces phrases par au, à, à la, à l' ou en.

1. Pour aller .... musée, vous tournez .... gauche .... feu tricolore.

   Vous arrivez .... pharmacie et le musée est .... côté.

2. Cette année, je pars .... Italie, chez des amis .... Venise.

   Ils ont un appartement .... rez de chaussée, ... face de San Marco.

3. Ce matin, Michel va .... gare. Il part .... Portugal.

   Il voyage 18 heures en train et il arrive .... Porto .... minuit.

Compréhension écrite

5 Complétez ces phrases avec c'est, il est, elle est, ce sont, ils sont. Regardez les photos, page 26.

1. .... Claude Monet. .... peintre. .... un peintre impressionniste.

   .... français.

2. .... ingénieur. .... le père de la tour Eiffel. .... est français.

   .... Gustave Eiffel.

3. .... des physiciens et .... français. .... mariés.

   .... Pierre et Marie Curie.

4. .... un pianiste. .... français, ... un grand musicien.

   .... Claude Debussy.

1

4   **3**

2

Écrire

6 Utilisez au, à la, à l' et faites des phrases complètes
en assemblant les éléments des trois colonnes.

• *Exemple :* le café de la mairie   boire   bière
→ <u>Au</u> café de la Mairie, <u>on</u> peut boire <u>une</u> bière.

réserver	chambre	l'hôtel du Lion d'or
étudier	chimie	l'université de la Sorbonne
manger	pizza	l'Auberge de Venise, restaurant italien
voir	pièce	le théâtre de l'Atelier

....

....

....

....

Phonétique

7 Écoutez et mettez une croix dans la bonne colonne.

	a	b	c	d	e	f	g	h	i	j	k	l	m	n	o
[i] comme dans *vie*															
[y] comme dans *tu*															
[u] comme dans *tout*															

8 Écoutez et soulignez la phrase que vous entendez.

1. C'est Marie-Lou. Son mari lit.
2. Il l'a lu. Il la loue.
3. C'est le pull. C'est la poule.
4. Quelle allure ! Qu'il est lourd !

5. Il y a de la boue. Il y a de l'abus.
6. C'est la vie. C'est la vue.
7. C'est pire. C'est pur.
8. C'est au sud. C'est acide.

Graphie

9 🎧 Écoutez et complétez.

– Bonj...................., monsieur. N.................... v....................drions .... chambre .... la .... , p.................... .... n....................t.

– Bien s...................., monsieur. N.................... avons la .... vingt-....................

– Il hab.................... ...., Nicolas ?
– Il hab.................... r.................... de la Poste, au n....................ro d....................ze.

Compréhension orale 🎧

10 Écoutez et retrouvez les phrases qui correspondent aux dessins.

1   2   3   4

11 Écoutez et répondez.

1. Juliette est ☐ pharmacienne ☐ médecin ☐ étudiante.
2. Elle a ☐ 23 ans ☐ 33 ans ☐ 21 ans.
3. Elle part en voiture : ☐ oui ☐ non
4. Elle va à la campagne : ☐ oui ☐ non
5. Elle va à l'hôtel : ☐ oui ☐ non

6. M. et Mme Blondin font du camping : ☐ oui ☐ non
7. Ils ont combien d'enfants ? ☐ un ☐ deux ☐ trois
8. Ils vont ☐ au bord de la mer ☐ à la campagne ☐ à Paris.
9. Ils prennent ☐ le train ☐ la voiture ☐ l'avion.

Unité 7

Vocabulaire

1 Dites quel vêtement vous mettez pour chaque circonstance ; choisissez un nom de vêtement avec deux adjectifs (attention à la place).

• *Exemple :* Pour aller à la campagne, je mets **un vieux pull blanc** et **un jean bleu**.

Vêtements : une chemise, une robe, un jean, un pull, un costume, un tailleur, une tenue de jogging.
Adjectifs de couleur : rouge, gris(e), bleu(e), blanc(he), noir(e), vert(e).
Autres adjectifs : petit(e), confortable, joli(e), long(ue), élégant(e), vieux (vieille), grand(e).

1. Pour aller au mariage d'une amie.

→ ....

2. Pour travailler dans une banque.

→ ....

3. Pour faire du sport.

→ ....

Grammaire

2 Écrivez le verbe entre parenthèses au présent.

(prendre) Qu'est-ce que vous .... ? Je .... une bière blonde.

(mettre) Où vous .... votre passeport ? Je le .... dans ma chambre.

(connaître) Ils .... mon adresse ? Oui, Sophie la ....

(avoir) Vous .... son numéro de téléphone ? Non, je ne l'........................... pas.

(choisir) Qu'est-ce que vous .... ? Je .... la robe noire.

(aller) Ils .... au théâtre ? Mireille .... au théâtre mais Paul .... au cinéma avec moi. Nous .... au Grand Rex.

3 a. Associez ces éléments pour faire des phrases.

Elle dort dans	ce	chaussures noires.
Il met	cet	cravate marron.
Je voudrais	cette	adresse ?
Vous connaissez	ces	hôtel deux étoiles.
Ils habitent dans		appartement.

b. Complétez ce dialogue avec des démonstratifs.

– .... pull rouge, il fait combien ?

– .... modèle fait 75 €.

– Hum, c'est cher. Oh, j'aime bien .... jupe et .... robe est aussi très belle.

– Oui, ... vêtements sont vraiment beaux. Et .... couleurs sont superbes !

– Bon, en fait, je cherche des chaussures et une ceinture pour mettre avec .... tailleur.

– Regardez .... chaussures. Elles vont bien avec .... couleur et ....

   ceinture noire, c'est bien, non ?

4 **Faites des phrases à partir de ces dessins.**
   Employez : plus, aussi, moins … que.

1   2

1. Madame Michaud est ....

....

....

2. Mademoiselle Laplace est ....

....

....

5 **Faites des phrases sur le modèle donné.**

   • *Exemple :* Ces livres sont à vous ? → **Oui, ce sont nos livres.**

1. Cette ceinture grise est à Hélène ?   → ....

2. Cette belle maison est à M. et Mme Aubert ? → ....

3. Ce magasin est à M. Roi ?   → ....

4. Ces cahiers sont pour les étudiants ?   → ....

5. Cet appartement est à toi ?   → ....

6. Ces cafés sont pour nous ?   → ....

Compréhension écrite

6 Lisez ces expressions et dites à quelles situations elles correspondent :
refus, acceptation, demande de renseignement.

1. Pour aller à la Tour d'Ivoire, s'il vous plaît ? → ....

2. Avec plaisir. → ....

3. Ça fait combien ? → ....

4. Désolé, je ne peux pas. → ....

5. Ah, non, j'ai horreur de ça ! → ....

6. Bonne idée ! → ....

7. Bien sûr ! → ....

8. La place des Cerisiers, s'il vous plaît ? → ....

9. Avec joie. → ....

Écrire

7 Décrivez ces vêtements ou accessoires de mode.
Utilisez des adjectifs.

• *Exemple :* C'est une chaussure de femme, noire, à talon.

1 ....
....

2 ....
....

3 ....
....

4

Phonétique

8 Écoutez et soulignez la phrase que vous entendez.

1. Tu achètes ça !   Tu jettes ça !
2. Tu connais ces chants ?   Tu connais ces gens ?
3. Elle a des joues rouges.   Elle a des choux rouges.
4. Il cherche l'école.   Il gère l'école.
5. Elle a fait une jupe.   Elle a fait une chute.
6. C'est à Roger.   C'est un rocher.

Graphie

9 Écoutez et complétez ces phrases.

1. ....ean vient tou..........ours le ....eudi.
2. C'est un ....eune in..........énieur.
3. Bon..........our, je voudrais un ....us d'oran..........e, s'il vous plaît.
4. Cette ....upe rou..........e est très ....olie.

Compréhension orale

10 Écoutez et répondez aux questions.

1. La cliente cherche une jupe longue.   VRAI ☐ FAUX ☐
2. La cliente essaie un seul modèle.   VRAI ☐ FAUX ☐
3. La jupe la plus courte est la jupe bleue à fleurs.   VRAI ☐ FAUX ☐
4. La vendeuse pense que la jupe blanche lui va mieux que l'autre.   VRAI ☐ FAUX ☐
5. La cliente n'achète rien.   VRAI ☐ FAUX ☐
6. La jupe coûte 40 €.   VRAI ☐ FAUX ☐

Unité 8

Vocabulaire

1 Complétez cette grille à l'aide des définitions.

1. Quand on ne cuisine pas à la maison,

   on va au ....

2. Au restaurant, on choisit des plats

   sur le ....

3. Entre l'entrée et le dessert, c'est le .... principal.

4. En France, on fait trois .... dans la journée.

5. Quand on veut maigrir, on fait un ....

6. La .... de la quiche lorraine est facile à faire.

Grammaire

2 Complétez avec les verbes à l'impératif (2ᵉ personne du pluriel):
choisir, arrêter, attendre, partir, sortir, faire.

Voici les conseils de Bison Futé* pour les vacances du mois d'août.

Ne .... pas samedi matin; il y a beaucoup de voitures sur les routes.

.... de partir samedi soir ou .... dimanche matin.

Si vous faites un long voyage, ... souvent le moteur, ... de

votre voiture et .... une petite promenade.

Bon voyage et bonne route!

───────────────

* Bison futé est une radio qui conseille les automobilistes.

3 a. Complétez ces phrases par du, de la, de l', des **ou** de.

1. Comme entrée, je choisis .... salade avec beaucoup .... tomates et du fromage.

2. Je voudrais une quiche avec .... vin blanc.

3. Vous avez .... gigot avec .... frites. Donnez-moi beaucoup .... frites!

4. Je prends .... viande avec .... haricots verts.

5. En dessert, je prends .... gâteau au chocolat avec .... glace à la vanille.

   Mais je voudrais beaucoup .... glace.

6. Je voudrais une bière et .... eau. Et pour madame, un quart .... vin.

   Vous avez .... vin blanc?

b. Complétez ces réponses par des phrases négatives.

1. – Vous avez des fruits ?

– ...., mais j'ai des yaourts.

2. – Tu manges de la tarte Tatin ?

– ...., je suis au régime.

3. – Elle veut un café ?

– ...., elle déteste ça !

4. – Tu prends un chocolat ?

– ...., je prends un thé.

5. – Vous voulez de la viande ?

– ...., je suis végétarienne.

6. – Il prend de la bière ?

– ...., il préfère boire de l'eau.

4 Mettez le verbe entre parenthèses au présent.

– Qu'est-ce que tu *(choisir)* .... ?

– Je *(prendre)* .... une assiette de jambon.

– Moi, je ne *(savoir)* .... pas. Tu *(connaître)* .... la quiche

au fromage ? C'*(être)* .... bon ?

– Oui, j'*(adorer)* .... ça, tu *(pouvoir)* .... essayer.

– Mesdames, je *(être)* .... à vous ; vous *(vouloir)* .... commander ?

– Alors, nous *(prendre)* .... une assiette de jambon.

– Je *(mettre)* .... de la salade verte avec ?

– Oh, bonne idée !

– Et comme boisson ?

– Nous *(vouloir)* .... de l'eau.

– Bien, mesdames, je *(revenir)* .... dans cinq minutes.

5 a. Réécrivez ces consignes. Utilisez l'impératif.

– Prendre le téléphone. ....

– Mettre la carte téléphonique dans l'appareil. ....

– Attendre la tonalité. ....

– Faire votre numéro. ....

– Parler à la personne. ....

b. Réécrivez la recette des crêpes à l'impératif et complétez par du, de la, de ou des.

Acheter .... œufs (4), ... farine (250 grammes), un litre .... lait, ... sucre

(250 grammes) et .... beurre.

Mettre la farine, le sucre et un peu .... sel dans un saladier. Ajouter les œufs un par un et bien mélanger. Verser le lait. Mélanger bien. Attendre une heure. La pâte est prête. Utiliser une poêle. Mettre .... beurre dans la poêle et faire chauffer. Verser ensuite un peu .... pâte et faire cuire trois minutes. Manger les crêpes chaudes avec .... sucre et .... beurre. C'est délicieux !

Compréhension écrite

6 Recette du « croque-monsieur ». Remettez cette recette dans l'ordre :

Le croque-monsieur

... Ajoutez du fromage sur le jambon.

... Faites cuire au four 15 minutes.

... Prenez deux tranches de pain.

... Mettez la deuxième tranche de pain sur le fromage.

... Mangez bien chaud avec une salade verte.

... Mettez une tranche de jambon sur la première tranche de pain.

Écrire

7 a. Composez un menu pour votre amie Fabienne qui est végétarienne.

b. Composez un menu pour votre copain François, il est très gourmand.

....

....

....

....

Phonétique

8 a. Combien de fois entendez-vous le son [s] comme dans citron ou tasse.

a. .... fois.   **b.** .... fois.

b. Combien de fois entendez-vous le son [z] comme dans maison.

c. .... fois.   **d.** .... fois.

9 Indiquez les liaisons.

1. Ils aiment le chocolat.

2. C'est un grand appartement.

3. Les enfants sont à la maison.

4. Comment allez-vous?

5. Les exercices sont importants.

6. C'est un livre sans intérêt.

Graphie

10 Complétez par s, ss ou c.

– Vous avez de la ....alade de tomates?

– Oui, bien ....ûr, mon........ieur.

– Moi, je choi........is l'a........iette de ....au........i........on.

– Et comme boi........on, qu'est-........e que vous dé........irez?

– De l'eau avec de la gla........e, ...'il vous plaît.

Compréhension orale

11 Écoutez l'enregistrement puis répondez aux questions.

1. La première femme aime faire la cuisine tous les jours.	VRAI ☐	FAUX ☐
Elle adore le steak.	VRAI ☐	FAUX ☐
Elle aime beaucoup le gigot d'agneau.	VRAI ☐	FAUX ☐
Elle ne mange jamais de charcuterie.	VRAI ☐	FAUX ☐
Elle aime les gâteaux.	VRAI ☐	FAUX ☐
2. La seconde femme aime bien faire la cuisine.	VRAI ☐	FAUX ☐
Elle n'aime pas les pizzas.	VRAI ☐	FAUX ☐
Elle ne mange pas de desserts.	VRAI ☐	FAUX ☐
Elle aime beaucoup les gâteaux.	VRAI ☐	FAUX ☐

Unité 9

Vocabulaire

1 Barrez l'intrus.

1. carte de crédit, chéquier, billet, sac, métro.

2. veste, pull, clé, chemisier, robe.

3. sympathique, agréable, cher, train, intéressant.

Grammaire

2 Mettez les verbes entre parenthèses au passé composé.

MILÈNE. – Tiens, Adeline, comment vas-tu ?

ADELINE. – Très bien, et toi ? Qu'est-ce que tu *(faire)* .... en vacances ?

MILÈNE. – Je *(passer)* .... huit jours en Normandie chez une amie. Puis je

(prendre) .... le train pour aller dans le Périgord avec mon mari et mes enfants.

Nous *(trouver)* .... la région magnifique. Nous *(voir)* .... des

villages très beaux et nous *(faire)* .... des promenades superbes.

ADELINE. – Eh bien, moi, je *(passer)* .... huit jours à New York, c'est une ville

fantastique ! Je *(rencontrer)* .... des gens vraiment sympathiques et je *(visiter)*

.... des musées extraordinaires. Et je *(prendre)* .... des photos.

3 Complétez avec oui, non **ou** si.

BOB. – Lili, tu n'as pas vu mon blouson rouge ?

LILI. – ...., il n'est pas dans ma chambre.

BOB. – Et mes clés, elles ne sont pas ici ?

LILI. – ...., elles sont dans l'entrée !

BOB. – Et le dernier CD de Céline Dion, tu l'as ?

LILI. – ...., je l'ai.

BOB. – Tu l'as écouté ?

LILI. – ...., je ne l'ai pas écouté.

BOB. – Tu n'aimes pas ses chansons ?

LILI. – ...., j'aime ses chansons. Bob, maintenant, va dans ta chambre et laisse-moi
tranquille !

Compréhension écrite

4 Voici l'agenda d'Hélène Berthier, assistante de direction chez LACATEL.

Vendredi 23 (09) SEPTEMBRE		Lundi 26 (09) SEPTEMBRE	Mardi 27 (09) SEPTEMBRE
	Sam. 24	10h rendez-vous avec le directeur des ventes	10h Tél maman
12h Déjeuner avec Charles Braudel			
14h réunion avec les 17h vendeurs	**Dim. 25**	14h courses au supermarché	14h Piscine avec Lili
		19h dîner chez Pierre et Monica	18h apéritif avec Paul et Virginie au Sélect

Nous sommes le 27 septembre, il est 16 h.
Complétez les phrases et mettez le verbe au présent ou au passé composé.

Ce matin, Hélène ....

Cet après-midi, elle ....

Ce soir, elle ....

Hier matin, Hélène ....

Hier après-midi, la jeune femme ....

Hier soir, elle ....

La semaine dernière, elle ....

et elle ....

Écrire

5 Claudine écrit à son amie Julie et elle lui raconte son voyage à Rome.
Mettez les verbes entre parenthèses au passé composé et remettez les phrases
de la lettre dans l'ordre.

a. Puis, j' *(visiter)* .... des musées, des églises et des jardins, → ....

b. D'abord, j' *(faire)* .... des promenades dans les petites rues. → ....

c. et j' *(boire)* .... des cafés sur les places. → ....

d. J' *(prendre)* .... des photos aussi. → ....

e. et j' *(manger)* .... beaucoup de glaces. → ....

f. Il *(faire)* .... très chaud, → ....

g. Enfin, j' *(passer)* .... des vacances merveilleuses. → ....

h. Un jour, dans un musée, j' *(rencontrer)* .... un jeune Italien → ....
Mario et sa sœur Silvana.

i. Nous *(parler)* .... et ils *(être)* .... très gentils avec moi. → ....

j. Chère Claudine, → ....

k. j' *(passer)* .... huit jours superbes à Rome, et je te raconte tout. → ....

l. Je t'embrasse et à bientôt. Julie. → ....

Phonétique

6 **Mettez une croix quand vous entendez le son [ɛ] comme dans les.**

	a	b	c	d	e	f	g	h	i	j
J'entends le son [ɛ].										

7 **Écoutez et soulignez la phrase que vous entendez.**

1. Prends la pile. Prends la file.

2. Elle appuie. Elle a fui.

3. C'est un pot. C'est un faux.

4. Il achète le plan. Il achète le flan.

5. Mets le plein. Mets le frein.

6. Il est beau, ce port. Il est beau, ce fort.

7. Donnez-moi beaucoup de far. Donnez-moi beaucoup de parts.

Graphie

8 **a. Complétez ces phrases par f ou ph.**

1. Mais en............in, qu'est-ce que tu ....ais ?

2. La ....armacie est ....ermée en ....évrier.

3. Les en...........ants, dé...........ense de télé...........oner.

4. Vous pré...........érez ce porte...........euille ?

b. Complétez ces phrases par p ou pp.

1. Il est sym..........athique, le ....atron.

2. Elle loue son a..........artement 381 € ....ar mois.

3. Mon ....ro..........riétaire s'a..........elle ....aul Vasco. Il est ....ortugais.

4. Cette ....romotion est exce..........tionnelle.

Compréhension orale

9 Écoutez l'enregistrement puis indiquez les phrases vraies (V).

1. La cliente a acheté un magazine à midi. (..........)

2. Elle n'habite pas loin du magasin de journaux. (..........)

3. Elle a posé son sac et ses gants pour payer. (..........)

4. Elle a oublié son sac. (..........)

5. Elle a oublié ses gants. (..........)

6. Le soir, elle est revenue chercher ses gants. (..........)

7. Une cliente les a trouvés à côté des magazines. (..........)

8. Le vendeur a trouvé les gants de la cliente. (..........)

9. Une cliente a volé les gants. (..........)

10. Une cliente a pris les gants par erreur. (..........)

11. Les gants sont noirs, en cuir. (..........)

12. La deuxième cliente a les mêmes gants. (..........)

13. Les gants ne vont pas à la deuxième cliente : ils sont trop grands. (..........)

14. Les gants sont trop petits pour la deuxième cliente. (..........)

10 Écoutez puis cochez la ou les bonne(s) réponse(s).

1. La femme téléphone :   une fois ☐   deux fois ☐   trois fois ☐

2. Le premier appel arrive :   dans un bureau ☐   dans un restaurant ☐   dans un taxi ☐

3. La femme a perdu :   un agenda ☐   un sac ☐   un parapluie ☐

4. Il est :   noir ☐   blanc ☐   rouge ☐

5. Elle l'a oublié :   lundi matin à 12 heures ☐   vers 10 heures ☐   mardi matin ☐

6. La femme connaît :   le numéro du taxi ☐   le modèle et la couleur du taxi ☐

7. Un homme ☐   une femme ☐   a trouvé le sac.

8. Les bureaux des objets trouvés sont ouverts :
   le lundi et le vendredi ☐
   du lundi au vendredi ☐

9. Les bureaux sont fermés :   le matin ☐   à l'heure du déjeuner ☐   l'après-midi ☐

Unité 10

Vocabulaire

1 **Complétez ces phrases avec le verbe qui convient au présent ou bien au passé composé** : oublier, perdre, laisser, commander, finir, mettre, proposer, connaître, avoir envie.

1. Tu .... ton travail à quelle heure ?

2. Lulu, tu peux me prêter 8 € ? J' .... mon portefeuille hier.

3. – Que désirez-vous boire ?

– Nous .... deux cafés à l'autre serveur, merci.

4. Hier, elle .... un pantalon noir et une veste verte.

5. Je ne vois rien : j' .... mes lunettes chez moi, ce matin.

6. Chéri, nous allons dîner chez les Duval ce soir, mais j' .... leur adresse. Appelle-moi au bureau !

7. Vous .... Pierre Duchamp ; c'est un ami de Paul.

8. Je .... d'aller au cinéma, tu viens avec moi ?

9. Allô, Caroline, je te .... d'aller au restaurant ce soir, si tu es d'accord, tu me téléphones.

2 **Trouvez le mot de chaque définition et remplissez la grille.**

1. Un ...., c'est pratique quand il pleut.

2. Les femmes ont souvent un .... à main.

3. On utilise une .... pour ouvrir la porte.

4. Pour aller dans un pays étranger, il faut prendre un ....

5. Prenez votre .... pour payer.

6. On y met ses papiers d'identité et sa carte bancaire. C'est un ....

Grammaire

3 **Mettez les verbes entre parenthèses au passé composé.**

Un journaliste a interrogé le guide de l'abbaye de Fontenay en Bourgogne.

LE JOURNALISTE. – M. Delaunay, vous êtes guide à Fontenay depuis longtemps ?

M. Delaunay. – Eh bien, j' (commencer) .... à travailler ici en 1978, puis j' (arrêter) .... pendant un an, de 1986 à 1987, parce que j' (avoir) .... un accident de voiture; je (aller) .... à l'hôpital et j'y (rester) .... pendant trois mois. Mais, depuis 1987, je (faire) .... toutes les visites.

Le journaliste. – Les touristes visitent Fontenay toute l'année?

M. Delaunay. – Eh bien, cette année, beaucoup de touristes (venir) .... en car ou en voiture, de mai à septembre; mais, après, pendant l'hiver, ça (être) .... plus calme.

4 **Complétez ces phrases avec** pendant, en, le, à **ou** de.

Madame Dumas inscrit sa fille Sophie à l'école.

La directrice. – Bonjour madame. Alors, Sophie a quel âge exactement?

Mme Dumas. – Elle est née .... 1997, ... 10 août.

La directrice. – Dans quelle ville?

Mme Dumas. – .... Rennes.

La directrice. – Je connais bien cette ville, j'y ai habité .... sept ans.

Mme Dumas. – Quelle est la date de la rentrée?

La directrice. – .... 3 septembre .... 8h30.

Mme Dumas. – Et quels sont les horaires?

La directrice. – Le matin, la classe est .... 8h30 .... 11h30 et l'après-midi, ... 13h30 .... 16h30.

Mme Dumas. – Les enfants dorment l'après-midi?

La directrice. – Oui, ils dorment .... une heure.

Mme Dumas. – Merci madame, au revoir.

5 **Complétez ces phrases avec** y, au **ou** en.

Manuel. – Salut Franck, qu'est-ce que tu fais .... mois d'août?

Franck. – .... août, je vais .... Portugal.

Manuel. – C'est drôle, moi aussi, j' .... vais. Tu .... restes combien de temps?

Franck. – Deux semaines.

Manuel. – Moi, mes grands-parents .... habitent, alors j' .... reste tout le mois d'août. Et après le Portugal, tu rentres à Paris?

Franck. – Non, je vais .... Italie avec mes parents.

Manuel. – C'est super! Alors, bonnes vacances!

Compréhension écrite

6 Lisez ce document et répondez aux questions.

Rennes

La capitale de la Bretagne est une ville universitaire. C'est une ville très agréable, avec des rues, des places, des maisons très jolies. Il faut se promener dans ses vieilles rues et déguster les délicieuses crêpes de la région.

À voir : les vieux quartiers, la place Sainte-Anne, la cathédrale Saint-Pierre, le jardin du Thabor, les musées de Bretagne et des Beaux-Arts et, dans les environs, Combourg et son château où l'écrivain Chateaubriand a passé son enfance.

1. Rennes est en Bretagne. VRAI ☐ FAUX ☐
2. Il y a un musée à Rennes. VRAI ☐ FAUX ☐
3. À Rennes, il n'y a pas de cathédrale. VRAI ☐ FAUX ☐
4. Il y a un jardin. VRAI ☐ FAUX ☐
5. Le château de Combourg est loin de Rennes. VRAI ☐ FAUX ☐
6. On y trouve une université. VRAI ☐ FAUX ☐
7. C'est une capitale régionale. VRAI ☐ FAUX ☐
8. Les crêpes sont une spécialité bretonne. VRAI ☐ FAUX ☐

Écrire

7 Huguette raconte sa journée d'hier de 10 h à 15 h 30. Choisissez le bon verbe et mettez-le au passé composé : parler, réserver, rentrer, partir, aller, déjeuner.

Hier, je .... de la maison à 10h ; je .... chez l'épicier et au supermarché ; j' .... des billets d'avion à l'agence de voyages et j' .... avec mon amie Karine. Nous .... pendant deux heures et je .... chez moi vers 15 h 30.

Phonétique

8 a. Écoutez et mettez une croix quand vous entendez le son [o] comme dans beau.

	a	b	c	d	e	f	g	h	i	j	k	l
J'entends le son [o].												

b. Écoutez. Combien de fois entendez-vous le son [o] comme dans beau ?

Phrase 1 : .... fois   *Phrase 2 :* .... fois   *Phrase 3 :* .... fois

c. Écoutez. Combien de fois entendez-vous le son [ɔ] comme dans bord ?

Phrase 4 : .... fois   *Phrase 5 :* .... fois   *Phrase 6 :* .... fois

Graphie

9 **Complétez ces mots par o ou eau.**

un chât.........; la ph.........t.........; un numér.........; un zér.........;

un tabl.........; un c.........cktail; une pr.........menade; un cad.........;

un f.........rfait; un p.........rt; la sc.........larité; un gât.........

> **Attention !**
> Le son [o] s'écrit aussi **au** comme dans land**au**.

10 **a. Écoutez et rayez les mots où la lettre o ne s'entend pas [ɔ].**

1. Un journaliste noir.   **2.** Vous habitez à Blois ?   **3.** Donnez-moi un chocolat.

4. Bonjour Monsieur !   **5.** Je voudrais une nouvelle voiture.

b. Que remarquez-vous ? Complétez.

o + ... = [u] comme dans *nous*.   o + ... = [wa] comme dans *trois*.

o + ... = [õ] comme dans *bon*.

Compréhension orale

11 **Écoutez et regardez ces fiches. Écrivez le nom de ces quatre grands hommes de la littérature française (Stendhal, Honoré de Balzac, Charles Baudelaire, Victor Hugo). Complétez ensuite par les dates que vous entendez.**

Nom : ....
Œuvre :
Les Misérables
Naissance : 1802
Mort : ....

Nom : ....
Œuvre :
Les Fleurs du mal
Naissance : ....
Mort : été 1867

Nom : ....
Œuvre :
Le Rouge et le Noir
Naissance : 1783
Mort : ....

Nom : ....
Œuvre :
La Comédie humaine
Naissance : 1799
Mort : ....

Unité 11

Vocabulaire

1 Choisissez l'adjectif qui convient et mettez-le à la forme correcte :
confortable, cher, puissant, petit, élégant, économique.

1. La Twingo ne coûte pas cher : elle est ....

2. Cette voiture a un moteur de 115 chevaux : elle est ....

3. La Mitsubishi Carisma coûte 18 294 €   : elle est ....

4. Cette voiture a la climatisation automatique, un ordinateur de bord et un purificateur d'air :

   c'est un modèle très ....

5. L'Opel a une ligne magnifique, elle est ....

6. La Mini est un .... modèle.

2 Classez les mots suivants :
train, avenue, château, marié, TGV, rue, entrée, boulevard, célibataire, église, chambre, place, avion, pièce, divorcé.

   • *Exemple :* Moyen de transport → véhicule, voiture, car.

a. situation familiale   → ....

b. ville   → ....

c. logement   → ....

d. moyen de transport   → ....

e. construction   → ....

Grammaire

3 Posez des questions avec quel, quelle, quels, quelles.

Sondage pour le magazine *Culture Hebdo*.

1. J'ai 32 ans. ....

2. Je lis *Le Monde*, *Ouest Infos* et *Le Figaro*. ....

3. J'aime le vin et la bière. ....

4. Je fais du tennis. ....

5. Je mange des pommes et des fraises. ....

6. Je connais la France, l'Allemagne et la Grèce. ....

4 Écrivez ce qui va lui arriver.

Jean Bigoudin est célibataire, il n'a pas de travail, il n'a pas d'argent, il ne voyage jamais mais... il va voir madame Wanda, la voyante. Elle lui dit que bientôt sa vie va changer.

1. → Il ....

2. → Il ....

3. → Il ....

4. → Il ....

5. → Il ....

5 Faites des phrases avec des superlatifs (le, la plus + adjectif).

• *Exemple :* journal intéressant *(Le Monde)*
→ Pour moi, *Le Monde* est le journal **le plus intéressant**.

1. beau monument *(la tour Eiffel)* ....

2. bonne cuisine *(la cuisine italienne)* ....

3. belle ville *(Paris)* ....

4. homme célèbre *(Einstein)* ....

6 Utilisez : plus ... que, moins ... que, aussi ... que.
Faites des phrases et comparez François Granger et Christine Lorca.

François Granger a 52 ans. Il est médecin. Il est très sympathique. Il est sportif, il joue au tennis deux fois par semaine. Il habite à Lyon, dans un appartement de 100 m².

Christine Lorca a 24 ans. Elle est très sympathique et elle a beaucoup d'amis. Elle est journaliste. Elle est sportive, elle va à la piscine le mercredi et le vendredi. Elle habite un deux pièces de 55 m² à Paris.

....

....

....

....

....

....

7 **Lisez ce document et répondez aux questions.**

Promenades en Val d'Oise

Château d'Auvers

À Auvers-sur-Oise, village où a habité Van Gogh, le château présente les peintres impressionnistes dans une exposition multimédia : « Voyage au temps des impressionnistes ».

Cette exposition comprend la projection de 300 peintures et fait entrer le visiteur dans l'époque de Monet, Pissarro et Cézanne.

Tarif normal : 9 €. Tarif Passeport : 7 €.
Ouvert tlj sauf lundi.

L'abbaye de Royaumont

Saint Louis a construit cette abbaye en 1228. Puis des moines l'ont habitée jusqu'à la Révolution française ; ensuite, elle est devenue une usine puis une maison religieuse à la fin du XIXᵉ siècle. C'est l'abbaye la mieux conservée d'Île-de-France.

Horaires : tlj de 10 h à 18 h.
Tarif normal : 4 €. Tarif Passeport : 3 €.

Le château d'Écouen

Les collections du Musée national de la Renaissance sont présentées dans le château d'Écouen, construit au XVIᵉ siècle.

On peut y voir des tapisseries, des meubles, des sculptures ainsi que des céramiques.

Horaires : ouvert tlj sauf le mardi de 9 h à 12 h 30 et de 14 h à 17 h.
Tarif normal : 4 €. Tarif Passeport : 3 €.

1. Le tarif Passeport est plus avantageux que le tarif normal.   VRAI ☐   FAUX ☐

2. Si on aime les peintres impressionnistes, il faut aller à Auvers.   VRAI ☐   FAUX ☐

3. Gauguin a vécu à Auvers-sur-Oise.   VRAI ☐   FAUX ☐

4. On peut voir une exposition de meubles et de tapisseries au château d'Auvers.   VRAI ☐   FAUX ☐

5. On peut aller à Royaumont le lundi.   VRAI ☐   FAUX ☐

6. L'abbaye de Royaumont a d'abord été une usine de coton puis elle a été habitée par des moines.   VRAI ☐   FAUX ☐

7. Le château d'Écouen est plus ancien que l'abbaye de Royaumont.   VRAI ☐   FAUX ☐

Écrire

8 Vous êtes allé(e) au château d'Auvers. Vous écrivez une petite carte postale à un ami ou à une amie pour lui raconter votre visite.

Phonétique

9 Écoutez et soulignez la phrase que vous entendez.

1. Je vais prendre un vin chaud.   Je vais prendre un bain chaud.

2. Il a vu.   Il a bu.

3. C'est tabou ?   C'est à vous ?

4. Il sent bon.   Ils s'en vont.

5. Il y a un grand banc.   Il y a un grand vent.

6. Elle arrive dans le bar.   Elle arrive dans le Var.

Graphie

10 Écoutez et complétez ces phrases par b ou v.

1. J'aime ....ien cette ....ieille ....oiture ....lanche.

2. ....oici ....otre ....illet d'a..........ion. C'est un ....oyage très a..........antageux.

3. Je ....oudrais m'a..........onner à la re..........ue ....*acances*. ....ous pou..........ez
m'en ....oyer un ....on ?

4. Cette ro..........e ....leue ....a ....ien a..........ec ....os ....ottes ....ertes !

Compréhension orale

11 Lisez ces petites annonces puis écoutez cette conversation téléphonique.
À quelle annonce correspond l'enregistrement ?

1 VENDS RENAULT LAGUNA, ANNÉE 1998, 54 000 KM, VERTE, BON ÉTAT. PRIX : 9 909 € TÉL : 04 65 39 07 21	**2** À VENDRE, urgent, Renault, modèle Laguna, an. 1997 20 000 km, moteur neuf, bleu métal. **Prix avantageux.** Tél : 04 95 49 37 21	**3** _____ _____ **PRIX INTÉRESSANT.** _____

Unité 12

Vocabulaire

1 Retrouvez dans cette grille sept noms du vocabulaire de la météo.

```
A S N U A G E
V O R A G E P
E L N E I R L
R E V O L I U
S I E S O L I
E L N P L U E
M E T E O L A
```

2 🎧 Écoutez et complétez.

Ce ...., en Bretagne et sur le .... de la France, il y a
.... et .... Dans le ...., il y a
.... et il fait .... Dans les Alpes, il y a ....
dans le ciel et ...., mais il n'y a pas ....

Grammaire

3 À partir de ces indications, écrivez les changements dans la vie de M. Gautier.
1. au futur proche,
2. au passé composé.

Indications : déménager, changer de travail, suivre un régime, prendre une inscription au Gymnase Club, acheter une voiture, aller en vacances au Mexique.

1. Le mois prochain, ...
....

2. L'année dernière, ...
....

4 Complétez avec de, du, à, en, dans (le), au.

L'Espagne en automne, pourquoi pas !

Séville est .... Espagne, ... Andalousie, ... sud du pays. Il faut

visiter la cathédrale, l'Alcazar, le palais .... Pierre le Cruel et se promener ....

le quartier populaire de Santa Cruz.

Si vous prenez le forfait avion + hôtel, ... vendredi .... dimanche, il faut

compter 334 € par personne pour un hôtel ***.

Après Séville, allez .... Grenade et .... Cordoue, deux autres villes magnifiques. .... Grenade, le palais .... l'Alhambra et ses jardins sont une pure merveille et la mosquée .... Cordoue est impressionnante.

5 Lisez cette publicité sur le Périgord et répondez aux questions.

Le Périgord

Les trésors du Périgord à pied

DURÉE : 8 jours, 7 nuits, 6 jours de marche
GROUPE : inscription possible à partir de 2 personnes

DÉPART ET RETOUR à Sarlat

Dates de départ:
départ un samedi ou un mardi,
à votre convenance,
d'avril à mi-novembre.

485 €
hors juillet et août

509 €
en juillet et août

supplt chambre simple : + 137 €
6 pique-niques : + 61 €

Le prix comprend :
• l'hébergement en chambre
  de deux en demi-pension,
• le transport des bagages,
• le dossier de voyage,
• les transferts pour Vitrac,
  Cazenac, Sireuil.

Le prix ne comprend pas :
• les boissons,
• l'assurance-assistance,
• les visites de sites.

ACCÈS :
Gare de Sarlat
(bus entre Sarlat et Souillac).
Transfert possible Souillac-
Sarlat : 20 € par personne aller-
retour. Possibilité de garer sa
voiture au 1er hôtel.

1. On part de quelle ville pour visiter le Périgord à pied ? ....

2. Le séjour dure combien de temps ? ....

3. On peut partir un dimanche ou un lundi ? ....

4. Dans le prix, il y a les visites des sites ? ....

5. Il y a combien de jours de marche ? ....

6. Le prix du séjour est le même en août et en avril ? ....

Écrire

6 Vous écrivez une carte à votre ami(e) pour lui raconter vos vacances au bord de la mer. Utilisez le passé composé. Suivez ce plan.

1) Le temps, l'hôtel.

2) La plage.

3) Les sports : tennis et volley-ball.

4) Les promenades dans les vieux villages.

5) La visite d'un château du xve siècle.

6) La rencontre de gens sympathiques.

7) Jouer aux cartes.

8) Aller à une fête.

Phonétique

7 Écoutez et mettez une croix quand vous entendez le son [r].

	a	b	c	d	e	f
J'entends le son [r].						

8 Écoutez. Combien de fois entendez-vous le son [r] ?

Phrase 1 : .... fois.　　　*Phrase 2 :* .... fois.

9 Écoutez. Combien de fois entendez-vous le son [l] ?

Phrase 1 : .... fois.　　　*Phrase 2 :* .... fois.

Graphie

10 Complétez ces mots par l ou ll.

1. Je m'appe..........e Anne et vous, que.......... est votre nom ?

2. Tu peux appe..........er les enfants !

3. Que.......... est votre nationa..........ité ? Vous êtes a.......... emand, non ?

4. J'ai une nouve..........e adresse.

5. Le français, ce n'est pas diffici..........e !

11 Écoutez et soulignez la lettre l quand vous ne l'entendez pas prononcer [l]. Que remarquez-vous ? Quels mots sont des exceptions ?

1. Ton portefeuille !

2. Bonne nouvelle !

3. Quelle belle ville !

4. C'est votre taille ?

5. C'est une jeune fille.

6. Une glace à la vanille.

7. C'est du bon travail.

8. Un aller-retour pour Lille.

....

....

12 Complétez ces phrases avec r **ou** rr.

1. On a...........ive par le t...........ain du soi...........

2. Je che.........che le numé.........o de téléphone et l'ad.........esse de monsieu........... Raymond.

3. Cette ceintu...........e ma...........on va bien avec ton tailleu........... o...........ange.

4. Mélangez le beu...........e, la fa...........ine et le suc...........e.

5. A...........êtez-vous, je veux descend...........e.

Compréhension orale

13 Écoutez la météo de la semaine puis remplissez la grille. Mettez une croix dans la case correcte puis indiquez les températures par des adjectifs.

	Lundi	Mardi	Mercredi	Jeudi	Vendredi	Samedi	Dimanche
Soleil							
Pluie							
Nuages							
Orage							
Éclaircies							
Températures							

14 Écoutez cette interview et classez ces éléments dans ces trois colonnes.

a. études : sciences politiques à Paris.

b. études : sciences politiques à Rome.

c. études : espagnol à l'université de Barcelone.

d. travail : jeune fille au pair.

e. travail : dans un restaurant à Rome.

f. travail : dans un journal européen.

g. adresse : dans une famille espagnole.

h. adresse : chez une amie romaine.

Il y a deux ans	*L'année dernière*	*L'année prochaine*
....	....	....
....	....	....
....	....	....
....	....	....

Unité 13

Vocabulaire

1 **Retrouvez le mot qui correspond à chaque définition:**
plage, musée, diététicien, pharmacien, musculation, maigrir.

1. Quand on s'inscrit dans un club de gymnastique, on peut faire de la ....

2. Une personne qui vend des médicaments, c'est un ....

3. Un spécialiste de l'alimentation, c'est un ....

4. Quand on perd des kilos, on ....

5. Au bord de la mer, on est sur la ....

6. On y voit des tableaux et des sculptures, c'est un ....

Grammaire

2 **Complétez par** du, de la, de l' **ou** de.

– Vous faites .... sport?

– J'ai fait beaucoup .... sport à 20 ans. Maintenant, je fais un peu .... vélo, je fais .... natation. C'est tout. Et vous?

– Moi, je fais .... gymnastique une fois par semaine et de temps en temps je fais .... tennis avec ma fille.

– Et vous, mademoiselle, vous faites .... exercice?

– Oh oui, je fais .... jogging et .... yoga. Pendant l'été, je fais .... voile et l'hiver, je fais .... ski. Et vous?

– Moi, je ne fais pas .... sport mais je fais un peu .... yoga. Je fais aussi .... musique. Je suis musicien; je joue .... piano.

3 **a. Le pronom en. Imaginez les questions et remplacez le pronom** en **par des mots.**

– .... ?

– Non, je n'en achète pas.

– .... ?

– Non, je n'en veux pas. Je n'aime pas ça.

– .... ?

– Oui, j'en fais le dimanche matin.

– .... ?

– Non, je n'en vois pas souvent.

b. Complétez ces phrases avec le, la, les, l' **et** en.

– Tu as vu le dernier film de Tavernier?

– Non, je ne .... ai pas vu mais je voudrais .... voir. Mon amie Laurence connaît tous ses films. Elle .... a tous en vidéo.

– Qui est Laurence?

– Mais, tu .... connais. Elle habite à côté de chez moi. Je te .... ai présentée le mois dernier.

– Ah oui! C'est une fille avec des yeux très bleus. Alors tu dis qu'elle a beaucoup de vidéos?

– Elle .... a au moins cent.

– Tu crois qu'elle a ce film de Tavernier?

– Oh non, je pense qu'elle ne .... a pas. Elle a seulement ses vieux films.

– Bon alors, le dernier Tavernier, tu veux aller .... voir?

4 **a. Écrivez les verbes au présent.**

– À quelle heure tu (se lever) .... le matin?

– Je (se réveiller) .... à 7 heures mais je (se lever) .... à 7 h 30.

– Et après, qu'est-ce que tu fais? Tu (prendre) .... ton petit déjeuner?

– Non, je (se laver) .... et je (se préparer) .... Je ne (déjeuner) .... pas. Je (partir) .... au collège.

– Qu'est-ce que vous (faire) .... quand vous (rentrer) .... chez vous le soir?

– Quand nous (arriver) .... à la maison, ma femme et moi, nous (se reposer) .... Nous (s'asseoir) ...., nous (parler) .... de la journée et après, je (se détendre) .... : j' (écouter) .... de la musique classique. Ma femme (préparer) .... le dîner.

– Et après le dîner?

– Nous (s'installer) .... devant la télévision ou nous (se coucher) .... de bonne heure.

b. Réécrivez ces ordres à l'impératif.

• *Exemple:* Tu te couches à 10 heures. → **Couche-toi à 10 heures.**
Vous vous levez de bonne heure. → **Levez-vous de bonne heure.**

1. Tu t'assois sur cette chaise. ....

2. Vous vous mettez debout. ....

3. Tu te prépares vite. ....

4. Vous vous inscrivez à l'université. ....

5. Tu te détends 5 minutes. ....

6. Vous vous reposez plus longtemps. ....

Thalasso* à Bénodet

Des professionnels vous attendent dans le calme et la détente. Vous allez y retrouver rapidement votre santé et votre vitalité.

Pourquoi choisir Bénodet?

D'abord, on aime Bénodet, cette petite ville au sud de la Bretagne, pour la douceur de son climat et ses belles plages de sable.

Ensuite, l'hôtel « Grand Air » où vous allez séjourner est situé sur le petit port, tout près des plages et des commerces. Ses chambres très confortables ont toutes une vue magnifique sur la mer.

Enfin, le restaurant donne sur la mer et vous propose une cuisine délicieuse et très variée.

Informations au 02 98 57 05 12, 6 rue de l'Odet 29950 Bénodet.

* La thalassothérapie (ou thalasso) est l'utilisation de l'eau de mer et du climat marin pour soigner certaines maladies.

5 **Lisez ce document puis répondez aux questions.**

1. On va à Bénodet pour être en meilleure santé. VRAI ☐ FAUX ☐

2. À Bénodet, des professionnels s'occupent de vous. VRAI ☐ FAUX ☐

3. À l'hôtel, quand on est dans sa chambre, on ne voit pas la mer. VRAI ☐ FAUX ☐

4. L'hôtel est loin des plages. VRAI ☐ FAUX ☐

5. Quand on est au restaurant, on voit la mer. VRAI ☐ FAUX ☐

a. Quelle est la situation

– de la ville : ....

– de l'hôtel : ....

– du restaurant : ....

b. Quelles sont les qualités

– du climat : ....

– de l'ambiance : ....

– des chambres de l'hôtel : ....

– de la cuisine : ....

– des plages : ....

Écrire

6 Relisez le document sur Bénodet. Dans une lettre, vous racontez à un(e) ami(e) votre séjour à la thalasso de Bénodet. Vous êtes très content de la ville, de l'hôtel, du restaurant, des plages.

Phonétique

7 Écoutez et mettez une croix dans la bonne colonne.

	a	b	c	d	e	f	g	h	i	j	k
[f] comme dans *fête*											
[v] comme dans *vent*											

Graphie

8 Écoutez et complétez avec f, ff **ou** ph.

1. La ....armacie est ....ermée ?

2. Cette recette est di..........icile à ....aire ?

3. Il me ....aut cent ....rancs.

4. C'est une ....amille de trois en..........ants.

5. Qu'est-ce que vous ....aites pendant les ....êtes ?

6. Pierrot, ...inis ta glace à la ....raise !

Compréhension orale

9 Écoutez et répondez aux questions.

Trois amies se retrouvent au café.

1. Caroline veut maigrir. VRAI ☐ FAUX ☐

2. Karine va au Gymnase Club 2 fois par semaine. VRAI ☐ FAUX ☐

3. Caroline fait du sport plusieurs fois par semaine. VRAI ☐ FAUX ☐

4. Estelle fait du yoga. VRAI ☐ FAUX ☐

5. Caroline trouve les gens de son cours sympathiques. VRAI ☐ FAUX ☐

6. Estelle fait de la musculation et du stretching. VRAI ☐ FAUX ☐

7. Estelle pense faire un régime. VRAI ☐ FAUX ☐

Unité 14

Vocabulaire

1 Complétez les phrases avec une partie du corps.

1

2

3

4

5

6

1. Elle lève ....

2. Elle est couchée sur ....

3. Il a mal ....

4. Elle lève ....

5. Il a mal ....

6. Il a un gros ....

2 Complétez les dialogues avec l'expression qui convient : **a.** C'est un délice !
b. Ah non, pas question ! **c.** Oui, malheureusement. **d.** Désolé, je dîne chez des amis.
e. C'est dommage ! **f.** Justement, ils me font mal au cœur. **g.** C'est bizarre !

1. Pour être en bonne santé, faites un peu de sport. ....

2. Tu peux venir au théâtre avec nous, mardi soir ? ....

3. Monsieur Leclerc, est-ce que vous prenez vos médicaments ? ....

4. Le train était à 19 h 10 et tu es arrivé à 19 h 20 ? ....

5. Tu aimes ce gâteau au chocolat ? C'est une recette de ma mère. ....

6. Vous n'avez pas de pull vert dans ma taille ? Non. ....

7. Il pleut depuis deux jours à Nice ? ...., en général, il fait beau à Nice
au mois de juin.

Grammaire

3 Faites les accords nécessaires.

Valérie et Monique ont pris.......... un car et elles sont parti.......... à la montagne à Chamonix. Elles ont choisi.......... un petit hôtel agréable. Elles se sont installé.......... dans leur chambre et elles ont loué.......... des skis. Le lendemain, elles sont monté.......... Quand elles sont arrivé.......... en haut, elles ont mis.......... leurs skis et elles sont descendu........... Monique est tombé.......... et elle s'est fait.......... mal à la jambe. Valérie a appelé.......... le docteur. Il est arrivé.......... très vite et on a descendu.......... Monique à l'hôpital. Elle y est resté.......... la nuit et elle est sorti.......... ce matin. Maintenant elle va bien mais elle ne peut plus skier.

4 a. Mettez les verbes entre parenthèses au présent quand c'est nécessaire.

1. Quand je *(avoir)* .... mal aux pieds, je *(se faire)* .... des massages. Après, ça *(aller)* .... mieux !

2. La nuit, si tu *(ne pas dormir)* .... bien et si tu *(se lever)* .... souvent, tu *(pouvoir)* .... prendre un médicament !

3. Mme Dupuis *(avoir)* .... du mal à *(se baisser)* .... ; elle a quatre-vingts ans.

4. Nous *(vouloir)* .... *(s'inscrire)* .... à un cours de français. Nous *(venir)* .... *(s'informer)* ....

5. Vous *(être)* .... fatiguée, mademoiselle. Vous *(devoir)* .... *(se reposer)* .... une semaine.

b. Faites des phrases au passé composé selon le modèle.

- *Exemple :* Marie / aller à la piscine / tomber / se faire mal au bras.
    → **Marie est allée à la piscine ; elle est tombée et elle s'est fait mal au bras.**

1. Sophie et Caroline venir chez nous / s'asseoir / boire un café.

   → ....

2. Une petite fille tomber dans la rue / une voiture s'arrêter / la petite fille se relever.

   → ....

3. Paul et Louis partir en week-end / louer une voiture / avoir un accident / ne pas se faire mal.

   → ....

4. Ma femme se baisser / se relever / se faire mal aux reins / se masser / se coucher.

   → ....

5. Nos amis s'informer sur un voyage / s'inscrire / partir une semaine en Égypte.

   → ....

5 Mettez ces verbes à l'imparfait et dites le contraire.

• *Exemple :* Aujourd'hui, je ne joue plus au tennis.
→ **Quand j'étais jeune, je jouais au tennis.**

1. Tu fais du jogging le dimanche matin. → ....

2. Je bois du vin à chaque repas. → ....

3. Elle se couche de bonne heure. → ....

4. Nous ne sortons pas les soirs de semaine. → ....

5. On n'a plus beaucoup d'amis. → ....

6. Vous travaillez 39 heures par semaine. → ....

7. Je vais souvent au théâtre. → ....

6 Complétez ces phrases avec les prépositions :
du, de la, de l', de, d', au, à la, à l', aux.

– Quand j'étais jeune, je jouais .... volley-ball et je faisais .... natation. Maintenant je fais .... danse moderne. Je ne fais plus .... volley parce que j'ai mal .... reins.

– En 1970, j'allais .... université. Je sortais souvent : j'allais .... cinéma, ... Comédie-Française. Je faisais .... musique. Je jouais .... violon. Maintenant, je ne fais plus .... musique. Mais je vais .... opéra et .... concert.

– Le samedi matin, mes enfants font .... équitation. Ils font beaucoup .... équitation, ils adorent ça !

Compréhension écrite

7 Lisez et dites si c'est vrai ou faux.

> Pour passer une bonne journée,
> # Santé-Plus
> ### vous conseille
>
> À **7 h** ou **8 h**, prenez une douche chaude et un bon petit déjeuner. Commencez votre travail vers **9 h** et, à **11 h**, arrêtez de travailler pendant cinq ou dix minutes. Vers **midi et demi**, mangez légèrement : une viande ou un poisson, des légumes, un fruit. Puis, sortez et marchez un peu. À **14 h**, dormez pendant 10 ou 20 minutes pour retrouver votre énergie. Et vers **19 h**, sortez, rencontrez des amis et dînez mais le dîner doit être léger aussi. Enfin, vers **22 h**, la température du corps baisse et on peut dormir.

1. Le matin, il faut prendre une douche froide.   VRAI ☐   FAUX ☐

2. Le déjeuner et le dîner doivent être légers.   VRAI ☐   FAUX ☐

3. Il ne faut pas prendre de petit déjeuner.   VRAI ☐   FAUX ☐

4. Il faut arrêter son travail vers 10 h pour se reposer.   VRAI ☐   FAUX ☐

5. Le soir, la température du corps augmente.   VRAI ☐   FAUX ☐

6. Vers 19 h ou 20 h, c'est l'heure de sortir.   VRAI ☐   FAUX ☐

7. On peut arrêter son travail à 14 h pour dormir un peu.   VRAI ☐   FAUX ☐

Écrire

8 Décrivez Juliette et Patrick avant (utilisez l'imparfait)
et maintenant (utilisez le présent).

1. Avant, Patrick et Juliette

....

....

....

....

....

2. Maintenant, Patrick et Juliette

....

....

....

....

....

Phonétique

9 Écoutez et mettez une croix dans la bonne colonne.

	a	b	c	d	e	f	g	h	i	j
[œ] comme dans *peur*										
[ø] comme dans *feu*										

Graphie

10 Complétez ces phrases par œu **ou** eu.

– J...............di, je vais au cinéma avec ma s...............r, tu v...............x venir avec nous ?

La séance est à d...............x h...............res.

– Ah non, je ne p...............x pas. J:hez le doct...............r.

Compréhension orale

11 Écoutez l'enregistrement. Le médecin utilise trois formules pour donner
des conseils à madame Dubois. Écrivez-les.

Unité 15

Vocabulaire

1 Complétez ces phrases. Cochez le mot qui convient.

1. Après une journée fatigante, il faut: **a.** ☐ s'asseoir **b.** ☐ se détendre **c.** ☐ se lever.

2. Patrick est très: **a.** ☐ sympathique ☐ **b.** actif ☐ **c.** sportif, il fait du jogging, du tennis et de la musculation.

3. Cécile fait un régime, elle veut: **a.** ☐ maigrir **b.** ☐ se détendre **c.** ☐ s'inscrire.

4. Faire de la musculation, c'est: **a.** ☐ facile **b.** ☐ difficile **c.** ☐ bizarre.

2 Soulignez l'intrus.

1. référence, expérience, CV, stage, chaise.   **3.** gigot, poulet, steack, pâté, bière.

2. car, avion, appareil photo, voiture, train.   **4.** aller, venir, partir, rester, passer.

Grammaire

3 **a. Complétez ces phrases par** qui **ou** que.

1. Regarde le portefeuille .... j'ai trouvé.

2. La lettre .... est sur le bureau est pour toi.

3. J'ai lu le courrier .... Pierre m'a envoyé.

4. La voiture .... nous avons louée est très puissante.

5. Je ne connais pas le musée .... vous avez visité.

6. J'habite dans la rue .... se trouve derrière la poste.

b. Associez ces phrases avec qui **ou** que **et faites les changements nécessaires.**

   • *Exemple:* Je te donne un livre. J'ai aimé ce livre. → **Je te donne un livre que j'ai aimé.**

1. Tu veux ce gâteau? Je ne peux pas finir ce gâteau.

....

2. Vous aimez ce tableau? Ce tableau est dans le salon.

....

3. Nous connaissons cet homme. Il lit dans sa voiture.

....

4. Elle choisit un voyage. J'ai fait ce voyage l'année dernière.

....

5. Elle achète des fruits. Ces fruits viennent de Grèce.

....

6. Ils ont un nouvel appartement. Ils louent cet appartement 457 € par mois.

....

4 **Posez des questions avec insistance sur le mot souligné.**
Employez C'est ... qui / ... que.

- *Exemple :* Mon ami veut acheter cette voiture.
    → **C'est la voiture que ton ami veut acheter ?**

1. M. Leroi connaît bien Rome. → ....

2. Je travaille dans ce bureau. → ....

3. Nous invitons mon directeur ce soir. → ....

4. Vous allez répondre à ce courrier. → ....

5. Je dois faire ce stage pendant l'été. → ....

6. Il veut nous présenter sa nouvelle secrétaire. → ....

7. Mon père habite ici. → ....

5 **Répondez par des phrases négatives.**

1. Vous faites des études ? → ....

2. Vous êtes toujours étudiant ? → ....

3. Vous faites encore un stage ? → ....

4. Vous cherchez du travail ? → ....

5. Vous voulez encore travailler pour *L'Express* ? → ....

6. Vous allez souvent à l'Agence pour l'emploi ? → ....

6 **Répondez à ces questions par des phrases négatives au passé composé.**

Vous voulez être guide touristique ?

Alors répondez à ces questions pour savoir si cet emploi vous convient.

■ Êtes-vous déjà sorti(e) de votre pays ? ....

■ Avez-vous souvent eu envie de voyager cette année ? ....

■ Avez-vous étudié des langues étrangères ? ....

■ Êtes-vous allé(e) visiter des musées cette année ? ....

■ Avez-vous déjà eu un travail de relations publiques ? ....

■ Avez-vous parlé avec des guides touristiques de leur profession ? ....

■ Cette année, avez-vous toujours été patient(e) et aimable ? ....

7 Lisez les offres d'emploi et les demandes. Regroupez-les.

❶
HÔTEL
(près Marseille)
CHERCHE
gardien de nuit
samedi et dimanche
22 h-6 h matin.

❷
URGENT
Société recherche
serveuse pour restaurant
midi et soir.
Tél : 03 54 67 90 56.

❸
J F ÉTUDIANTE
CHERCHE
HEURES DE TRAVAIL
LE MERCREDI
ET LE SAMEDI.

Tél Sabine : 02 46 22 82 72.

❹
Société électronique **cherche**
ingénieur expérimenté H ou F,
envoyer CV et lettre de motivation
à **CHIMEX**…

❺
Cherche étudiant ou étudiante
pour garde d'enfants le mercredi.
02 43 64 42 18.

❻
Ingénieur
10 ans expérience cherche
travail à plein temps
Écrire journal réf. **20425**

❼
J F travaille dans hôtellerie
comme femme de chambre
cherche heures de travail
pour compléter salaire.
Tél : 01 56 78 21 90.

❽
Étudiant cherche
TRAVAIL
le soir ou la nuit
à partir de 18 h.
Demander Éric
02 13 25 30 17.

.... et .... et .... et .... et ....

Écrire

8 **Vous avez lu cette annonce dans le journal. Vous écrivez une lettre de motivation. Utilisez le vocabulaire suivant :** écrire, proposer, travailler, parler, poste, secrétaire, ordinateur, voyages, jeune, dynamique.

SOCIÉTÉ
PROMOLEC
cherche une secrétaire
parlant anglais et espagnol,
connaissances en informatique obligatoires,
voyages à l'étranger possibles.
Env. lettre et CV au journal,
ANNONCE **04188**

Phonétique

9 Écoutez et mettez une croix dans la bonne colonne.

	a	b	c	d	e	f	g	h
Identique								
Différent								

10 Écoutez et soulignez la phrase que vous avez entendue.

1. Il a fait un pont.   Il a fait un bond.

2. C'est du porto.   C'est du bordeaux.

3. Tu as pris un bon bain.   Tu as pris un bon pain.

4. C'est un vieux beau.   C'est un vieux pot.

5. C'est un bon plan.   C'est un bon blanc.

Graphie

11 Écoutez et complétez avec p ou pp.

1. – Je vous ....résente le courrier, monsieur le directeur.

   – Très bien, vous avez travaillé ra...........idement, mademoiselle.

2. – Tu sais, j'ai a...........elé Antoine, hier.

   – Ah oui, il cherche un a...........artement, je crois.

3. – On ....eut avoir une réduction si on achète trois ....laces?

   – Oui, c'est exact.

Compréhension orale

12 Écoutez bien. La secrétaire écrit mais elle fait des erreurs. Soulignez les erreurs.

Nom, prénom: Darieux René

Âge: 29 ans

Langues parlées: un peu anglais, très bien russe, un peu allemand

Expérience: au Royaume-Uni pendant 4 ans, et à Marseille pendant 2 ans, dans une entreprise de bureautique.

Unité 16

Vocabulaire

1 Vous avez reçu une invitation pour le mariage de Valérie et Antoine.
Vous ne pouvez pas venir et vous écrivez votre réponse. Complétez cette lettre.

M. et Mme Lemercier et M. et Mme Durieux
sont heureux de vous annoncer
le mariage de leurs enfants

Antoine et Valérie

le 16 juin 1999

Vous êtes invités au château de Dampierre
à partir de 19 h

Chère Madame, Cher Monsieur,

J'ai été très .... d'apprendre le ....

de Valérie que je .... depuis longtemps. Je suis

.... mais je ne serai pas .... France

.... 16 juin, je serai .... Canada

pour mon travail. Je suis sûre qu'il fera .... ce jour-

là et que la .... se passera bien.

Je vous .... pour votre ....

Embrassez Valérie et Antoine pour moi. Amitiés.

Sophie

64 • UNITÉ 16

2 Qu'est-ce qu'ils disent? Rapportez leurs paroles.

• *Exemple:* MARIE. – J'ai trouvé mon emploi par une petite annonce.
→ **Marie dit qu'elle a trouvé son emploi par une petite annonce.**

PIERRE. – Je vends ma voiture le mois prochain.

→ ....

SANDRINE. – Nous voyons nos amis samedi soir.

→ ....

VÉRONIQUE. – J'ai fini mon stage.

→ ....

M. ET MME LEBRUN. – Nous avons reçu votre invitation.

→ ....

CÉCILE. – J'ai perdu mes gants au cinéma.

→ ....

3 Donnez des conseils à des personnes qui veulent étudier le français.

• *Exemple:* Va en France. → **Tu devrais aller en France.**

– Inscris-toi à des cours. → ....

– Écoutez la radio. → ....

– Regarde la télévision. → ....

– Rencontrez des amis français. → ....

4 Complétez ce texte par les pronoms le, la, l', les, lui, leur, en **ou** y.

– Tu es allé au mariage de Nathalie?

– Bien sûr, j' .... suis allé, c'était super.

– Alors, Nathalie était comment?

– Je .... ai trouvée très belle. Elle portait une robe magnifique.

– Et Frédéric?

– Il était très élégant, dans un beau costume gris. Je .... ai félicités tous les deux.

– Ses parents, tu .... connaissais?

– Non, mais ils sont très sympathiques. Sa mère, je .... croyais plus vieille. J'ai beaucoup parlé avec son père. Je dois .... voir la semaine prochaine pour un travail.

– Tu .... as demandé un emploi, le jour du mariage de son fils?

– Non, c'est lui qui m'.................... a parlé. Il cherche un assistant.

– Au fait, Nathalie et Frédéric sont rentrés de leur voyage?

– Je ne sais pas, je ne .... ai pas revus mais tu peux .... téléphoner.

Compréhension écrite

> ### Vous vous mariez dans quelques mois ?
>
> #### *La Boutique Blanche vous attend.*
>
> *Mademoiselle, venez choisir la robe de ce grand jour ; nos modèles sont à tous les prix et des vendeuses sont là pour vous conseiller. Et vous aussi, monsieur, vous trouverez le costume, la cravate ou la chemise que vous cherchez. Vos parents, votre famille et vos amis, eux aussi, peuvent choisir le cadeau qu'ils veulent vous offrir : vaisselle, disques, livres, meubles, vêtements. Ils ne sont pas obligés de venir à la boutique, nous leur envoyons un catalogue avec la liste de tous les cadeaux et ils choisissent par téléphone, c'est très rapide.*
>
> *Nous sommes là aussi pour organiser votre voyage de noces. Nous réservons des places d'avion et des séjours à l'hôtel pour les mariés.*
>
> La Boutique Blanche, c'est au premier étage de notre grand magasin.
> Elle est ouverte toute l'année, mais le prix des robes est plus intéressant
> de septembre à avril, pensez-y !

5 **Lisez ce document et répondez aux questions.**

1. Ce document est une publicité pour un grand magasin.   VRAI ☐   FAUX ☐

2. Cette publicité s'adresse seulement aux jeunes filles.   VRAI ☐   FAUX ☐

3. À la Boutique Blanche, on ne peut pas acheter de cadeaux.   VRAI ☐   FAUX ☐

4. La mariée et le marié peuvent acheter leurs vêtements dans cette boutique.   VRAI ☐   FAUX ☐

5. Il y a des robes très chères et des robes moins chères.   VRAI ☐   FAUX ☐

6. On ne peut pas choisir les cadeaux sur catalogue.   VRAI ☐   FAUX ☐

7. Les robes de mariée sont moins chères en septembre qu'au mois de juin.   VRAI ☐   FAUX ☐

8. Les invités peuvent réserver des places d'avion.   VRAI ☐   FAUX ☐

9. La Boutique Blanche est ouverte de septembre à avril.   VRAI ☐   FAUX ☐

Phonétique

6 **Écoutez et mettez une croix si vous entendez le son [w] comme dans toi.**

	a	b	c	d	e	f	g	h	i	j
J'entends le son [w].										

7 **Écoutez et mettez une croix si vous entendez le son [j] comme dans travail.**

	a	b	c	d	e	f	g	h	i	j
J'entends le son [j].										

8 **Combien de fois entendez-vous le son [w] ?**

Phrase 1 : .... fois.   *Phrase 2 :* .... fois.

9 Combien de fois entendez-vous le son [j] ?

Phrase 1 : .... fois.   *Phrase 2 :* .... fois.

Graphie

10 🎧 Écoutez et complétez.

1. – Il est ital..........en, mais il habite à Marsei.......... e avec sa fi.......... e.

– Oui, je sais, et sa femme est tunis..........enne.

2. – Deux bi..........ets pour L..........on, s'il vous plaît.

– En train ou en av..........on ? Je vous consei..........e le train, c'est moins cher et c'est rapide. Le train, c'est mervei.......... eux !

– Vous cro..........ez que le vo..........age se passera b..........en ?

3. – Achète une boutei..........e de vin chez l'épic..........er.

Compréhension orale 🎧

11 Écoutez ces trois personnes et répondez aux questions.

Première interview

1. La femme a rencontré son mari chez des amis.   VRAI ☐   FAUX ☐

2. Son mari est grec.   VRAI ☐   FAUX ☐

3. Pierre l'a invitée à dîner.   VRAI ☐   FAUX ☐

4. Ils sont mariés depuis :
3 ans ☐   10 ans ☐   2 ans ☐

Deuxième interview

1. Elle a rencontré son mari au Gymnase Club.   VRAI ☐   FAUX ☐

2. Ils se sont mariés deux mois après.   VRAI ☐   FAUX ☐

3. D'abord, elle l'a trouvé très sympathique.   VRAI ☐   FAUX ☐

Troisième interview

1. Cet homme a rencontré sa femme dans une agence de voyages.   VRAI ☐   FAUX ☐

2. Sa femme est italienne.   VRAI ☐   FAUX ☐

3. Ils avaient les mêmes heures de travail.   VRAI ☐   FAUX ☐

4. Ils sont allés au café et au cinéma ensemble.   VRAI ☐   FAUX ☐

5. Leur mariage s'est passé en France.   VRAI ☐   FAUX ☐

6. Ils vont en Italie chaque année.   VRAI ☐   FAUX ☐

7. Ils ont quatre enfants.   VRAI ☐   FAUX ☐

Transcription des enregistrements

Unité 1

Phonétique

7

a. Tu as 18 ans ? b. J'ai 16 ans. c. C'est Maria ?
d. Elle est espagnole ? e. Non, elle est italienne.
f. Tu habites où ? g. Tu habites à Rennes ?
h. Non, j'habite à Paris. i. Qui est-ce ?
j. C'est Luc Leroi ? k. Il est français.
l. Il est ingénieur. m. Il travaille à Marseille.
n. Qui est-ce ? o. C'est Dimitria Capéronis.
p. Elle est grecque ? q. Oui, et elle habite à Athènes.

8

1. Ça va ?   Ça va très bien.
2. Qui est-ce ?   C'est Mme Leroux.
3. Qu'est-ce qu'elle fait ?   Elle est pharmacienne.
4. Elle habite ici ?   Oui, elle habite à Rennes.
5. Elle travaille où ?   Elle travaille rue Pasteur.
6. Elle est jeune ?   Elle a bien 35 ans !

Compréhension orale

11

– Qui est-ce ?
– C'est monsieur Leroi.
– Monsieur Leroi ?
– Oui, le médecin.
– Il est médecin ? Mais il est très jeune ! Il a quel âge ?
– Oh, il a 35 ans !
– Ah bon. Il travaille où ? Rue de la Poste ?
– Non, il travaille rue de France mais il habite rue de la Poste.

12

1. *Pierre Marchand.*
Je suis belge et j'ai 43 ans, je suis ingénieur. J'habite à Lille.
2. *Marie Dubois.*
J'habite à Strasbourg. J'ai 18 ans et je suis française. Je suis étudiante en allemand.
3. *Michel, Michel Petit.*
Je suis dentiste et je travaille ici, rue de Rennes à Paris. J'ai 43 ans.
4. *Madame Bouvard, Véronique Bouvard.*
Moi, je suis libraire et je travaille ici. J'habite rue des Anglais à Nice. J'ai…, je ne suis pas jeune, j'ai 50 ans.
5. *Marco Fratelli.*
J'habite à Rome mais j'étudie à Nice. Je suis étudiant en français. J'habite chez M. et Mme Bouvard. J'ai 21 ans.

Unité 2

Phonétique

10

a. Vous désirez un café ?
b. Non, je voudrais une bière belge.
c. Vous avez du thé ?
d. S'il vous plaît, c'est combien ?
e. Ça fait 4 euros.
f. Vous avez un numéro de téléphone ?
g. Oui, c'est le 02 13 47 10 37.

11

Le son [e]
a. Vous avez un numéro de téléphone ?
b. Vous avez une étudiante chez vous ?
c. Deux cafés et une eau minérale !
d. Vous envoyez un catalogue été.
e. Vous demandez une réduction ?
Le son [ɛ]
f. Je voudrais un chèque de 67 francs.
g. Oui, elle est italienne.
h. S'il vous plaît, une bière !
i. Tu paies par carte bancaire ?
j. Qu'est-ce que vous faites ?

Graphie

12

1. J'ai 19 ans. Je suis étudiante. Je suis grecque.
2. C'est une Italienne. Elle est médecin et elle habite ici.
3. Vous envoyez un chèque bancaire ou vous payez par carte bleue ?
4. Je voudrais un numéro de téléphone, s'il vous plaît !
5. Tu es française ? Non, je suis américaine.

Compréhension orale

13

LE SERVEUR – Messieurs dame, vous désirez ?
L'HOMME – Martine, qu'est-ce que tu prends ?
LA FEMME – Je voudrais un thé.
L'HOMME – Alors un thé et un chocolat, s'il vous plaît.
LE SERVEUR – Très bien ! (…)
LE SERVEUR – Alors, un thé pour madame et un chocolat pour monsieur.
L'HOMME – Merci. Ça fait combien ?
LE SERVEUR – Un chocolat et un thé… 4 euros.
L'HOMME – Voilà.
LE SERVEUR – Merci, monsieur.

14

– Je voudrais une glace au chocolat et une eau minérale.
– Un Coca et deux cafés, s'il vous plaît!
– Tu prends une menthe à l'eau et moi, une bière.
– S'il vous plaît, ça fait combien un thé et un chocolat?

15

– Bonjour.
– Bonjour monsieur, je cherche une carte de France.
– Voilà.
– Je voudrais aussi un timbre à 50 centimes.
– Voilà.
– Ça fait combien?
– Une carte de France, 5 euros, et un timbre... ça fait 5,50 euros.
– Ah oui... je prends aussi un magazine. Vous avez *Cosmopolitain*?
– Bien sûr, et avec *Cosmopolitain*, vous avez un catalogue. C'est gratuit.
– C'est gratuit?
– Oui, c'est un cadeau du magazine.
– C'est bien, merci. Ça fait combien?
– Alors, 5,50 et 2,50, ça fait 8 euros.
– Merci, au revoir monsieur.

Unité 3

Phonétique

8

1. – Vous êtes espagnole? – Non, je suis italienne.
2. Je voudrais un appartement dans un immeuble avec ascenseur.
3. Vous avez une chambre avec salle de bains?
4. Ils sont anglais et ils habitent à Londres.
5. C'est un hôtel rue des Amis.

9

1. Elle demande une chambre avec douche.
2. Il commande un Coca et je voudrais une eau minérale.
3. Elle travaille à Paris et elle habite aussi à Paris.
4. La cliente cherche une personne petite et calme.
5. Rue de l'Intendance, elle a une pièce à vendre.

Compréhension orale

12

a. Bonjour, je cherche un appartement de deux pièces avec un grand salon. Je peux mettre 457 €, charges comprises.
b. J'ai deux pièces à louer dans le centre de Marseille. L'appartement est au quatrième étage avec ascenseur. Téléphonez-moi le soir au 04 86 38 23 19.
c. Je voudrais visiter la chambre d'étudiant. Il n'y a pas de douche mais ça va pour un an. Je suis Sophie Delage. Tél.: 01 43 09 74 28.

d. J'ai un trois pièces à vendre. Il est dans un immeuble moderne avec garage et ascenseur. Il fait 76 225 €. Pour la visite, téléphonez le soir: 03 56 98 27 40.

13 *Premier enregistrement*

– Bonjour madame. Vous avez des chambres?
– Bien sûr. Vous désirez une chambre simple ou une chambre double?
– Une chambre pour une personne, s'il vous plaît. C'est combien?
– Ça dépend; voulez-vous avec ou sans salle de bains?
– C'est combien sans salle de bains?
– Une nuit, ça fait 38 €.
– Et avec une salle de bains?
– 50 €.
– Bon, alors je vais prendre une chambre avec salle de bains.
– Très bien. Avez-vous une carte d'identité?
– Voilà.
– Vous avez la chambre 12 au premier étage.

Deuxième enregistrement (Au téléphone)

– Allô, l'*Hôtel du Lion d'Or*...
– Oui, bonjour madame. Je voudrais réserver une chambre pour demain soir.
– Oui, monsieur, pour combien de personnes?
– Je voudrais une chambre double. C'est combien la chambre?
– Avec salle de bains, ça fait 65 €.
– Et sans salle de bains?
– Un chambre double sans salle de bains, ça fait 57 €.
– Je vais prendre une chambre sans salle de bains.
– Bien, monsieur. C'est à quel nom?
– Monsieur Douillet, Georges Douillet.

Unité 4

Phonétique

9

1. Le salon est très grand.
2. Mattias est allemand.
3. Ils travaillent quand?
4. Il vend un lit double.
5. Qu'est-ce qu'elle attend?
6. Elle habite boulevard Lenoir.

10

1. Continuez tout droit.
2. Il est étudiant en maths.
3. Je voudrais un certificat de scolarité, s'il vous plaît.
4. Vous avez un passeport?
5. Les enfants sont dans la rue.
6. C'est un agent immobilier.
7. Ça fait combien un chocolat?

11

1. Ça fait huit francs. **2.** C'est tout ? **3.** C'est droit. **4.** Elle attend. **5.** C'est devant l'immeuble. **6.** On est dimanche. **7.** C'est un grand Allemand ? **8.** Non, c'est un petit Espagnol.

12

Tu prends le boulevard. Tu continues tout droit et tu tournes à droite. Il y a un petit restaurant. Le grand hôtel est à côté.

Graphie

13

1. C'est à droite, pas à gauche ! **2.** Christine est grande et blonde. **3.** Tu vas au théâtre ? **4.** À l'hôtel du Globe, toutes les chambres ont la télévision. **5.** Mon père est dentiste. **6.** Tu prends un café ou un thé ?

Compréhension orale

14

– Pardon, madame, je cherche le boulevard des Italiens.
– Le boulevard des Italiens… alors vous êtes maintenant dans la rue de la Poste. Vous continuez tout droit. Vous passez devant la Poste et, au deuxième feu, vous tournez à gauche. Vous passez devant le cinéma, vous allez tout droit, vous traversez l'avenue de Madrid et vous prenez la première à droite. Vous arrivez sur un grand boulevard, c'est le boulevard des Italiens.
– Alors, je continue tout droit, au deuxième feu, je tourne à gauche, je dépasse le cinéma, je traverse une avenue et la première sur la droite, c'est le boulevard des Italiens. C'est ça ?
– Oui, c'est bien ça.
– Merci madame.

Unité 5

Phonétique

8

a. Il a vingt ans.	**f.** Il a cent ans.
b. C'est long !	**g.** Il est onze heures.
c. C'est fatigant.	**h.** Tu m'attends.
d. Il est lent.	**i.** Nous acceptons.
e. Tu vas à Lyon ?	**j.** C'est une leçon.

9

a. Rendez-vous avec les enfants à 2 heures 30 au restaurant.
b. Mes parents sont contents, ils fêtent leurs cinquante ans de mariage.
c. Nous avons un carton d'invitation.
d. Léon, tu as ta leçon de violon à onze heures rue Delambre.

10

1. Ils vont au restaurant.
2. Mon amie Cécile a une maison à la campagne.
3. Il a une chambre dans le centre-ville.
4. C'est combien ? Cent cinquante francs.
5. Ce sont des enfants. Ils ont trois ans.

11

Dialogue 1
– Allô Valérie, c'est Marie. – Bonjour. – Tu veux venir à la piscine samedi ? – Oui, avec plaisir. – Je passe chez toi à 9 heures et demie. – D'accord.

Dialogue 2
– Allô, bonsoir monsieur. – Bonsoir madame. – Je voudrais réserver une table dans votre restaurant, ce soir, vendredi, à 20 heures, pour quatre personnes, c'est possible ? – Oui, madame. Au revoir madame.

Dialogue 3
– Allô Paul, c'est Max. – Bonjour, tu vas bien ? – Oui, très bien. J'ai deux billets pour le concert de MC Solaar, samedi à 21 heures, ça t'intéresse ? – Oh oui, j'adore les concerts de MC Solaar. – Alors, à samedi. – À samedi.

Dialogue 4
– Allô, monsieur Dumas ? – C'est sa secrétaire. – Bonjour mademoiselle. Je voudrais un rendez-vous avec le médecin. – Mardi à 18 h 45, ça vous convient ? – Oui, merci, au revoir mademoiselle.

Unité 6

Phonétique

7

a. Il a ri.	**i.** C'est la vie.
b. C'est une rue.	**j.** C'est la vue.
c. C'est la route.	**k.** C'est tout.
d. Elle fume.	**l.** Il l'a dit.
e. Elle joue.	**m.** Je suppose.
f. C'est sûr.	**n.** C'est un doux.
g. C'est l'île.	**o.** C'est un dû.
h. C'est pour vous.	

8

1. Son mari lit.	**5.** Il y a de l'abus.
2. Il l'a lu.	**6.** C'est la vie.
3. C'est le pull.	**7.** C'est pur.
4. Quelle allure !	**8.** C'est au sud.

Graphie

9

– Bonjour, monsieur, nous voudrions une chambre sur la cour, pour une nuit.
– Bien sûr, monsieur. Nous avons la chambre vingt-six.

– Il habite où Nicolas ?
– Il habite rue de la Poste, au numéro douze.

Compréhension orale

10

1. Les fêtes, il a horreur de ça !
2. Un anniversaire, c'est sympa !
3. Nous aimons bien aller au restaurant.
4. Charlotte déteste les promenades.

11

Juliette Delpech
J'ai 23 ans. Je suis étudiante en médecine et je n'ai pas beaucoup d'argent. Alors, je pars avec des copains. Nous prenons le train et nous faisons du camping. Nous allons souvent à la montagne en été. Et puis, je passe aussi tous les ans quelques jours de vacances chez mes parents près de La Baule ; comme ça, je vais aussi au bord de la mer.

Jean-François Blondin
Ma femme et moi, nous louons une petite maison dans le sud de la France. Nous avons deux jeunes enfants : ils ont 6 et 4 ans. À cet âge, ils aiment aller à la plage et à la piscine. Et, pour y aller, nous prenons la voiture, c'est moins cher que le train.

Unité 7

Phonétique

8

1. Tu jettes ça !
2. Tu connais ces gens ?
3. Elle a des joues rouges.
4. Il cherche l'école.
5. Elle a fait une jupe.
6. C'est un rocher.

Graphie

9

1. Jean vient toujours le jeudi.
2. C'est un jeune ingénieur.
3. Bonjour, je voudrais un jus d'orange, s'il vous plaît.
4. Cette jupe rouge est très jolie.

Compréhension orale

10

LA VENDEUSE. – Bonjour mademoiselle, vous désirez ?
LA CLIENTE. – Je cherche une jupe courte pour l'été.
LA VENDEUSE. – Quelle taille faites-vous ?
LA CLIENTE. – Euh ! du 38.
LA VENDEUSE. – Eh bien, nous avons ces deux modèles : cette jupe bleue avec des fleurs blanches et cette jupe blanche ; elle est plus courte que l'autre.
LA CLIENTE. – Je vais les essayer.
LA VENDEUSE. – Cette jupe vous va bien, mais la blanche vous va mieux.
LA CLIENTE. – Oui, c'est vrai, je l'aime bien, je la prends. Elle fait combien ?

LA VENDEUSE. – 42 €.
LA CLIENTE. – Voilà.
LA VENDEUSE. – Merci, au revoir mademoiselle.

Unité 8

Phonétique

8

a. Les Siniavski ont six enfants, c'est sûr.
b. Achète un saucisson très sec et des olives, s'il te plaît.
c. Je te présente Isabelle Simon, elle est journaliste à la télévision.
d. Les enfants Simon aiment beaucoup les histoires de dinosaures.

9

1. Ils aiment le chocolat.
2. C'est un grand appartement.
3. Les enfants sont à la maison.
4. Comment allez-vous ?
5. Les exercices sont importants.
6. C'est un livre sans intérêt.

Compréhension orale

11

Enregistrement 1
LA JOURNALISTE. – Vous voulez bien répondre à des questions, c'est pour le magazine *Cuisine* ?
PREMIÈRE FEMME. – Oui, d'accord.
LA JOURNALISTE. – Vous aimez faire la cuisine ?
PREMIÈRE FEMME. – Euh, oui, mais pas tous les jours. Je travaille et je n'ai pas beaucoup de temps.
LA JOURNALISTE. – Qu'est-ce que vous préférez comme plat ?
PREMIÈRE FEMME. – Oh, j'adore le gigot d'agneau.
LA JOURNALISTE. – Et le plat que vous n'aimez pas ?
PREMIÈRE FEMME. – Le steak.
LA JOURNALISTE. – Vous mangez souvent de la charcuterie ?
PREMIÈRE FEMME. – Une ou deux fois par semaine.
LA JOURNALISTE. – Vous aimez les gâteaux ?
PREMIÈRE FEMME. – Non, je préfère les fruits.
LA JOURNALISTE. – Merci beaucoup.

Enregistrement 2
LA JOURNALISTE. – Vous pouvez répondre à des questions pour le magazine *Cuisine* ?
SECONDE FEMME. – Oui.
LA JOURNALISTE. – Vous faites la cuisine tous les jours ?
SECONDE FEMME. – Oui, j'aime ça.
LA JOURNALISTE. – Qu'est-ce que vous préférez comme plat ?
SECONDE FEMME. – J'aime beaucoup le poulet.
LA JOURNALISTE. – Et quel est le plat que vous n'aimez pas ?
SECONDE FEMME. – J'aime tout, je crois. Ah non, c'est vrai, j'ai horreur des pizzas.

LA JOURNALISTE. – Vous aimez les desserts ?
SECONDE FEMME. – Oh oui, beaucoup.
LA JOURNALISTE. – Quel est le gâteau que vous aimez le mieux ?
SECONDE FEMME. – Le gâteau au chocolat ; j'aime aussi beaucoup les tartes.
LA JOURNALISTE. – Merci madame et au revoir.

Unité 9

Phonétique

6

a. Je mange au restaurant.
b. J'ai mangé avec Paul.
c. J'ai préparé ce gâteau.
d. Je prépare un exercice.
e. J'ai dit bonjour.
f. Je dis merci.
g. Je choisis ce livre.
h. J'ai choisi des fleurs.
i. J'ai fini mon livre.
j. Je finis à 5 heures.

7

1. Prends la pile.
2. Elle appuie.
3. C'est un faux.
4. Il achète le plan.
5. Mets le plein.
6. Il est beau, ce fort.
7. Donnez-moi beaucoup de parts.

Compréhension orale

9 *Au magasin de journaux*

CLIENTE 1. – Pardon monsieur, ce matin, quand j'ai acheté mon journal, j'ai posé mon sac pour payer et j'ai oublié mes gants. Vous ne les avez pas trouvés, ils sont noirs, en cuir ?
LE VENDEUR. – Ah non, je suis désolé. Vous avez regardé près des magazines. Ils sont peut-être tombés.
CLIENTE 1. – Non, j'ai bien regardé, ils ne sont pas là.
LE VENDEUR. – Une cliente les a peut-être pris, ou bien vous les avez perdus dans la rue, je ne sais pas, moi !
CLIENTE 1. – Bon, merci. Mais je sais que je les ai pris ce matin quand je suis partie de chez moi.
(Un quart d'heure plus tard.)
CLIENTE 2. – Bonsoir monsieur. Ce matin j'ai regardé des magazines ici et j'ai pris ces gants. J'ai pensé qu'ils étaient à moi, alors, je les ai mis dans mon sac. Mais ils ne sont pas à moi. Mes gants sont plus petits, mais ils sont exactement identiques. Alors, je vous les donne. La propriétaire peut revenir les chercher…
LE VENDEUR. – Merci bien, madame. En effet, elle est venue. Mais je la connais ; elle vient souvent acheter son journal. Elle habite dans le quartier.

10 *Au bureau des objets trouvés*

– Allô, le bureau des objets trouvés ?
– Ah non, madame. Vous vous trompez de numéro. Ici, ce n'est pas le bureau des objets trouvés. C'est le restaurant *Le Gargantua*.

– Oh, excusez-moi.
(Tonalité)
– Allô, le bureau des objets trouvés, bonjour !
– Bonjour monsieur. Voilà, je téléphone parce que j'ai oublié mon agenda dans un taxi.
– Vous avez dit dans un taxi… Je vous passe le bureau concerné.
– Bonjour madame. Voilà, je téléphone parce que j'ai oublié mon agenda dans un taxi.
– Oui, quel jour avez-vous perdu cet agenda ?
– Lundi matin, lundi dernier vers 10 h, 10 h 30.
– Vous connaissez le numéro du taxi ?
– Mais madame, bien sûr que non. Je sais seulement que c'était une Mercedes blanche.
– Mais ce taxi, vous l'avez pris où et où êtes-vous descendue ?
– Heu, attendez, je crois que je l'ai pris place de la Cathédrale et je suis allée sur les quais.
– Bon, vous avez perdu seulement votre agenda ?
– Oui, enfin non. J'ai oublié mon sac avec mon agenda.
– Ah, vous avez aussi perdu votre sac ? Et il est comment ?
– Il est en cuir rouge, il n'est pas très grand.
– Et votre agenda, il est de quelle couleur ?
– Il est rouge aussi avec un stylo noir.
– Madame, vous avez de la chance. Un homme nous a rapporté votre sac mardi matin. Vous pouvez venir le chercher. Nos bureaux sont situés 34 rue de la Poste et ils sont ouverts du lundi au vendredi de 10 h à 12 h 30 et de 14 h à 17 h.
– Oh, merci madame. Je suis tellement heureuse ! J'arrive.

Unité 10

Phonétique

8

a.

a. C'est un feu.
b. C'est un faux.
c. C'est un fort.
d. C'est un port.
e. C'est un poteau.
f. C'est un peureux.
g. C'est la queue.
h. C'est le corps.
i. C'est du coton.
j. C'est de l'eau.
k. C'est de l'or.
l. C'est bleu.

b.

Phrase 1 : Sur mon bur<u>eau</u>, il y a le programme de l'opéra de Paris.
Phrase 2 : Mets un mant<u>eau</u> et sors faire des phot<u>os</u> !
Phrase 3 : En novembre, il fait b<u>eau</u>coup moins ch<u>aud</u> qu'en octobre.

c.

Phrase 4 : Dans l'éc<u>o</u>le, on a un nouveau pr<u>o</u>fesseur p<u>o</u>rtugais.
Phrase 5 : Cet h<u>o</u>mme est dans un hôtel à B<u>o</u>rdeaux.
Phrase 6 : P<u>au</u>l ad<u>o</u>re le sp<u>o</u>rt ; il fait du v<u>o</u>lley-ball.

Graphie

10

1. Un journaliste noir.
2. Vous habitez à Blois ?
3. Donnez-moi un chocolat.
4. Bonjour monsieur !
5. Je voudrais une nouvelle voiture.

Compréhension orale

11

Stendhal est un écrivain français. Il est né à Grenoble en 1783. Diplomate, il a beaucoup voyagé et il a vécu en Italie, pendant plus de dix ans. Il a fini d'écrire *Le Rouge et le Noir* en 1830. Il est mort à Paris en 1842.

Victor Hugo est né en 1802. Il a écrit des poèmes, des pièces de théâtre mais tout le monde connaît ses personnages de romans comme *Les Misérables*. Il meurt le 22 mai 1885.

Honoré de Balzac est le père du roman français moderne. Il a écrit *La Comédie humaine*. Il est mort au mois d'août 1850.

Charles Baudelaire est né à Paris en 1821. Il a écrit de très beaux poèmes : *Les Fleurs du mal*. Il est mort à Paris pendant l'été 1867.

Unité 11

Phonétique

9

1. Je vais prendre un bain chaud.
2. Il a bu.
3. C'est à vous ?
4. Il sent bon.
5. Il y a un grand vent.
6. Elle arrive dans le bar.

Graphie

10

1. J'aime bien cette vieille voiture blanche.
2. Voici votre billet d'avion. C'est un voyage très avantageux.
3. Je voudrais m'abonner à la revue *Vacances*. Vous pouvez m'envoyer un bon ?
4. Cette robe bleue va bien avec vos bottes vertes.

Compréhension orale

11

– Bonjour madame, je téléphone pour la voiture à vendre. Un ami a lu votre annonce et il m'a donné votre numéro. Pouvez-vous me donner des renseignements ?
– Bien sûr, qu'est-ce que vous voulez savoir ?
– C'est une Renault, je crois.

– Oui, c'est une Laguna. Elle est très confortable et elle marche très bien. Nous avons changé le moteur l'année dernière. Alors elle a un petit kilométrage.
– Très bien. Et, elle est de quelle année ?
– Nous l'avons achetée en 96 mais c'est un modèle de 97.
– Elle est de quelle couleur ?
– Elle est bleu métallisé. C'est une très belle voiture, vous savez.
– Et vous la vendez combien ?
– Je crois que mon mari veut la vendre 8 385 € mais à ce prix, c'est donné.
– Mais alors, pourquoi vous la vendez ?
– Eh bien, j'ai gagné une voiture dans un jeu à la télévision et nous ne voulons pas garder deux voitures.
– Vous avez de la chance. Je n'ai jamais gagné, moi. Bon, je vais réfléchir à votre voiture et je vais vous téléphoner. Merci madame.

Unité 12

Vocabulaire

2

Ce matin, en Bretagne et sur le nord de la France, il y a de la pluie et des averses. Dans le sud, il y a du soleil et il fait chaud. Dans les Alpes, il y a des nuages dans le ciel et du vent, mais il n'y a pas de neige.

Phonétique

7

a. Je pars à Rome mercredi prochain.
b. Elle est blonde et elle a la peau blanche.
c. Pierre est brun et très grand.
d. Je vais travailler à Paris à partir de février.
e. Paul a loué un téléphone sans fil.
f. L'hôtel de la plage est calme. Il est à côté de la ville.

8

Phrase 1 : Il fait très froid à Paris en décembre.
Phrase 2 : Le mois dernier, j'ai lu un livre très intéressant.

9

Phrase 1 : Depuis lundi, il pleut à Lyon mais il y a du soleil à Toulouse.
Phrase 2 : On a loué une belle villa au bord de la mer.

Graphie

11

1. Ton portefeuille !
2. Bonne nouvelle !
3. Quelle belle ville !
4. C'est votre taille ?
5. C'est une jeune fille.
6. Une glace à la vanille.
7. C'est du bon travail.
8. Un aller-retour pour Lille.

Compréhension orale

13

Lundi, dans la matinée, il a plu. L'après-midi, il y a eu des éclaircies. Le soleil s'est un peu montré.

Mardi, il a fait assez froid pour la saison et il y a eu des nuages.

Mercredi, il a fait beau et il y a eu du soleil mais on a eu de gros orages en fin d'après-midi.

Hier, il a fait gris. Il y a eu de gros nuages mais on n'a pas eu de pluie.

Aujourd'hui, il fait doux et le ciel est bleu et il y a un peu de soleil. On peut aller dans le jardin.

Ce week-end, malheureusement, il va pleuvoir. J'ai écouté la météo : on annonce des averses pour samedi et un ciel nuageux avec des éclaircies pour dimanche. Heureusement, les températures vont rester douces !

14

– Mademoiselle, vous parlez très bien espagnol !

– C'est normal, j'ai passé l'année dernière à Barcelone. J'ai travaillé dans une famille comme jeune fille au pair et j'ai pris des cours d'espagnol à l'université.

– Ah, je comprends. Et maintenant, vous voulez partir en Italie. Pourquoi ? Vous parlez italien ?

– Non, mais j'aime beaucoup la politique européenne et je voudrais être une journaliste spécialiste de l'Europe. Avant de partir à Barcelone, j'ai été étudiante en sciences politiques à Paris pendant un an. Maintenant, je veux étudier les sciences politiques en Italie ; alors je vais partir à Rome le mois prochain.

– Ah, vous allez étudier l'italien ! Vous allez habiter avec une famille ? Vous allez être jeune fille au pair ?

– Non, je vais habiter chez une amie italienne. Elle a un restaurant français. Le soir, je vais travailler dans son restaurant et la journée, je vais aller à l'université.

– Bien. Mais qu'est-ce que je peux faire pour vous ?

– Je voudrais écrire dans votre journal pour les étudiants européens.

– Ah, je comprends !

Unité 13

Phonétique

7

a. Je ferme la fenêtre.
b. Il a une voiture verte.
c. Tu vas lire ce livre.
d. Faire du sport, c'est fatigant.
e. Au volant, la vue, c'est la vie.
f. Il ne veut pas venir ?
g. Il fait trop froid.
h. Suivez ce régime, vous allez maigrir !
i. Il va en vacances au Viêt-nam.
j. C'est une belle averse !
k. En février, c'est la fête des fleurs.

Graphie

8

1. La pharmacie est fermée ?
2. Cette recette est difficile à faire ?
3. Il me faut cent francs.
4. C'est une famille de trois enfants.
5. Qu'est-ce que vous faites pendant les fêtes ?
6. Pierrot, finis ta glace à la fraise !

Compréhension orale

9

CAROLINE. – Alors, Karine, tu t'es inscrite dans un club de gymnastique ?

KARINE. – Eh bien oui, il y a un Gymnase Club près de la maison et je prends des cours de stretching deux fois par semaine et après le stretching, je fais un peu de musculation pour perdre mes kilos en trop. Et toi, Caroline, qu'est-ce que tu fais ?

CAROLINE. – Moi, je fais du yoga le mardi soir et au début de chaque cours, nous faisons de la gymnastique douce. C'est pas mal ! les gens sont sympa. J'y vais surtout pour me détendre.

ESTELLE. – Caroline et toi Karine, félicitations ! Moi, j'ai dix kilos à perdre mais je n'ai pas envie de faire du sport. Je vais peut-être faire un régime !...

Unité 14

Phonétique

9

a. Il a une sœur. b. Quelle couleur voulez-vous ?
c. Mathieu a mal aux yeux. d. Tu as vu l'heure !
e. Tu veux partir ? f. Sa sœur est à l'heure.
g. Le docteur vient dans une heure. h. Ils sont deux.
i. Ils sont très heureux. j. C'est un coureur.

Compréhension orale

11

– Alors, madame Dubois, comment allez-vous ?

– Eh bien, docteur, j'ai décidé de maigrir de 10 kg.

– C'est une bonne décision.

– Vous savez, avant, j'allais souvent au restaurant, je mangeais beaucoup de desserts, j'allais à mon travail en voiture et je buvais de la bière. Maintenant, je ne mange plus de desserts, je vais à mon travail à pied, je ne bois plus de bière, je bois du vin, mais je fume beaucoup. J'ai déjà perdu 4 kg ! Vous pouvez peut-être me donner d'autres conseils ?

– Madame Dubois, c'est très bien. Buvez beaucoup d'eau, 1,5 litre par jour au moins, marchez une ou deux heures par jour, et puis il vaut mieux arrêter de fumer aussi. Vous pouvez boire un peu de vin, mais deux verres par jour, pas plus.

Unité 15

Phonétique

9

a. habile/à pile **b.** bulle/pull **c.** peur/peur
d. puce/ bus **e.** pic/bic **f.** port/bord **g.** bleu/bleu
h. apport/à bord

10

1. Il a fait un pont. **2.** C'est du bordeaux. **3.** Tu as pris un bon bain. **4.** C'est un vieux pot. **5.** C'est un bon plan.

Graphie

11

1. – Je vous présente le courrier, monsieur le directeur. – Très bien, vous avez travaillé rapidement, mademoiselle.
2. – Tu sais, j'ai appelé Antoine, hier. – Ah oui, il cherche un appartement, je crois.
3. – On peut avoir une réduction si on achète trois places ? – Oui, c'est exact.

Compréhension orale

12

– Mademoiselle, j'ai reçu un CV intéressant pour le poste d'assistant. Vous pouvez écrire ?
– Oui, monsieur le directeur.
– Il s'appelle René Darieux, il a 39 ans, il est ingénieur à Grenoble. Il parle très bien anglais, un peu russe et un peu allemand. Il a travaillé aux États-Unis pendant 4 ans et pendant 10 ans à Marseille dans une société d'informatique.

Unité 16

Phonétique

6

a. C'est sa voiture. **b.** Viens voir ! **c.** C'est à lui. **d.** Il fait froid. **e.** C'est à Louise. **f.** Il est sourd. **g.** C'est le soir. **h.** Il est là. **i.** C'est à moi. **j.** Il fait doux.

7

a. Tu connais cette ville ? **b.** C'est sa fille.
c. Il est épicier. **d.** C'est du travail. **e.** C'est utile.
f. C'est sa profession. **g.** Il est de la famille.
h. Imbécile ! **i.** Il joue du piano. **j.** C'est facile.

8

Phrase 1 : Demain matin, il va pleuvoir dans l'ouest et le nord et il va faire froid dans la soirée.
Phrase 2 : J'ai téléphoné trois fois à Louis, mais il n'est jamais là. Je crois qu'il sort tous les soirs.

9

Phrase 1 : Au mariage de ta fille, toute la famille viendra à Lille.
Phrase 2 : Monsieur Durieux est notre meilleur employé ; il travaille ici depuis longtemps.

10

1. – Il est italien, mais il habite à Marseille avec sa fille. – Oui, je sais, et sa femme est tunisienne
2. – Deux billets pour Lyon, s'il vous plaît. – En train ou en avion ? Je vous conseille le train, c'est moins cher et c'est rapide. Le train, c'est merveilleux !
– Vous croyez que le voyage se passera bien ?
3. – Achète une bouteille de vin chez l'épicier.

Compréhension orale

11

Première interview
– Vous voulez bien répondre à des questions pour le journal *La Vie en France* ?
– Oui.
– Comment avez-vous rencontré votre mari ?
– J'étais en vacances en Grèce avec des amis et, un jour, nous avons pris un bateau pour visiter une île et il y avait deux autres Français sur le bateau. Nous avons parlé, nous avons ri et Pierre m'a invitée à dîner chez lui ; voilà comment tout a commencé. Nous sommes mariés depuis 10 ans et nous avons trois enfants.

Deuxième interview
– Pardon madame, comment avez-vous rencontré votre mari ?
– Eh bien, moi, c'est au Gymnase Club que je l'ai rencontré. Il venait au même cours que moi. Pour moi, les exercices étaient très difficiles ; lui, il était très beau et très sportif. Au début, je ne le trouvais pas très sympathique. Mais, un jour, je me suis fait mal à la jambe et il a été très gentil avec moi. Nous avons parlé, nous avions le même âge et nous aimions les mêmes choses. Nous nous sommes mariés 6 mois plus tard.

Troisième interview
– Ma femme, où je l'ai rencontrée ? C'est très simple, nous travaillions dans la même agence de voyages. Cette belle Italienne me plaisait beaucoup. Nous n'avions pas toujours les mêmes heures de travail mais je prenais un café avec elle ou je l'invitais à aller au cinéma. Nous nous sommes mariés en Italie avec toute sa famille, elle a deux frères et deux sœurs, et nous allons une fois par an en Italie. Silvana, je l'adore !

Lexique

Le lexique présente les mots introduits dans les 16 unités du livre de l'élève.
Les chiffres en gras renvoient au numéro de l'unité.

n = nom	m = masculin	f = féminin	pl = pluriel	prép = préposition	art = article
v = verbe	adj = adjectif	adv = adverbe	conj = conjonction	pron = pronom	interj = interjection

Traduisez dans votre langue

A

À (Bruxelles) (prép)	6	p. 50
Abonnement (nm)	2	p. 22
Accepter (v)	5	p. 45
Accident (nm)	14	p. 112
Accueil (nm)	13	p. 104
Achat (nm)	7	p. 56
Acheter (v)	6	p. 51
Activité (nf)	13	p. 109
Adapté (adj)	14	p. 112
Addition (nf)	2	p. 21
Admirer (v)	10	p. 82
Adresse (nf)	1	p. 16
Adresser (v)	15	p. 118
Adulte (nm)	6	p. 50
Âge (nm)	1	p. 15
Agence (nf)	3	p. 28
Agenda (nm)	9	p. 77
Agent (immobilier) (nm)	1	p. 16
Agréable (adj)	9	p. 74
Aimable (adj)	15	p. 116
Aimer (v)	7	p. 61
Air (ça n'a pas l'air) (nm)	14	p. 110
Ajouter (v)	8	p. 64
Allemand (adj)	1	p. 15
Aller (ça va) (v)	1	p. 14
Aller (simple) (nm)	6	p. 50
Aller-retour (nm)	6	p. 50
Alors (adv)	2	p. 20
Alors que (conj)	12	p. 92
Ambassade (nf)	15	p. 118
Américain (adj)	4	p. 33
Ami(e) (nm, nf)	8	p. 62
Amicalement (adv)	5	p. 46

B

Mot	Leçon	Page
Bagage (nm)	10	p. 80
Baisser (se) (v)	13	p. 106
Bar-Tabac (nm)	4	p. 35
Basket (nm)	13	p. 105
Bâtiment (nm)	4	p. 32
Beau/Belle (adj)	7	p. 56
Beau-frère (nm)	16	p. 125
Beau-père (nm)	16	p. 123
Beaucoup de (adv)	8	p. 62
Beaux-parents (nm) (pl)	16	p. 123
Belge (adj)	4	p. 33
Belle-mère (nf)	16	p. 123
Belle-sœur (nf)	16	p. 125
Beurre (nm)	8	p. 64
Bien (adv)	1	p. 14
Bien (à vous) (adv)	9	p. 76
Bien sûr (adv)	2	p. 20
Bientôt /À bientôt (adv)	5	p. 46
Bière (nf)	2	p. 20
Billet (nm)	6	p. 50
Bise (nf)	5	p. 46
Bizarre (adj)	12	p. 92
Blanc (adj)	7	p. 58
Bleu (adj)	4	p. 34
Boire (v)	14	p. 112
Boisson (nf)	8	p. 62
Bon (adj)	4	p. 33
Bon marché (adj)	11	p. 89
Bonjour (nm)	1	p. 14
Boucher (nm)	1	p. 16
Boulanger (nm)	8	p. 65
Boulevard (nm)	1	p. 16
Bouteille (nf)	8	p. 62
Bras (nm)	13	p. 106
Briller (v)	12	p. 94
Budget (nm)	11	p. 88
Bureau (nm)	10	p. 80

C

Mot	Leçon	Page
Ça (fait) (pron)	2	p. 20
Cabinet médical (nm)	14	p. 110
Cadeau (nm)	2	p. 20
Café (nm)	2	p. 20

Calmant (nm)	14	p. 110	....
Calme (adj)	3	p. 28	....
Car (nm)	10	p. 80	....
Caramel (crème au) (nm)	8	p. 63	....
Carnet (d'adresses) (nm)	9	p. 76	....
Carte bleue (nf)	2	p. 22	....
Carte postale (nf)	2	p. 20	....
Catalogue (nm)	2	p. 22	....
Cathédrale (nf)	1	p. 16	....
Cave (nf)	3	p. 28	....
Ce/Cette/Ces (adj)	7	p. 56	....
Ceinture (nf)	7	p. 58	....
Célèbre (adj)	10	p. 80	....
Célébrer (v)	16	p. 124	....
Célibataire (adj)	15	p. 119	....
Centre (nm)	16	p. 124	....
Cependant (adv)	15	p. 118	....
Cérémonie (nf)	16	p. 124	....
Chaise (nf)	13	p. 106	....
Chambre (nf)	3	p. 26	....
Chance (nf)	12	p. 92	....
Chapeau (nm)	14	p. 112	....
Chaque (adj)	10	p. 82	....
Charcuterie (nf)	8	p. 62	....
Charmant (adj)	16	p. 124	....
Charme (nm)	10	p. 82	....
Chaud/Chaude (adj)	8	p. 64	....
Chaud (manger) (adv)	8	p. 64	....
Chaussure (nf)	7	p. 57	....
Chef (salade du) (nm)	8	p. 63	....
Chemise (nf)	7	p. 57	....
Chemisier (nm)	7	p. 58	....
Chèque (bancaire/postal) (nm)	2	p. 22	....
Chéquier (nm)	9	p. 74	....
Cher (= coûteux) (adj)	7	p. 56	....
Cher (chers amis) (adj)	5	p. 46	....
Chercher (v)	2	p. 20	....
Chez (prép)	1	p. 15	....
Chien (nm)	11	p. 88	....
Chimie (nf)	1	p. 16	....
Chocolat (nm)	2	p. 20	....
Choisir (v)	6	p. 50	....
Choix (nm)	11	p. 88	....

Ciel (nm)	12	p. 94
Cinéma (nm)	4	p. 32
Classe (nf)	6	p. 50
Classique (adj)	10	p. 82
Clé (nf)	9	p. 74
Client (nm)	2	p. 20
Clientèle (nf)	15	p. 116
Club (nm)	13	p. 104
Cocktail (nm)	5	p. 46
Cœur (nm)	14	p. 113
Coin (nm)	2	p. 20
Combien (ça fait combien ?) (adv)	2	p. 21
Comédie (nf)	5	p. 44
Commande (nf)	2	p. 22
Commander (v)	2	p. 20
Comme (adv)	8	p. 62
Commencer (v)	10	p. 80
Communiquer (v)	15	p. 118
Compatriote (nm) (nf)	16	p. 122
Comprendre (comprenant x pièces...) (v)	3	p. 28
Comptable (adj)	15	p. 116
Concert (nm)	10	p. 82
Confort (nm)	6	p. 52
Confortable (adj)	7	p. 58
Confrère (nm)	16	p. 124
Connaître (v)	6	p. 52
Conseiller (il est conseillé) (v)	14	p. 112
Conseil (nm)	13	p. 106
Consommation (nf)	2	p. 20
Contact (nm)	15	p. 116
Contacter (v)	15	p. 118
Continuer (v)	4	p. 32
Contrat (nm)	11	p. 86
Convenir (ça te convient ?) (v)	5	p. 44
Coordonnées (nf, pl)	2	p. 22
Cordialement (adv)	9	p. 76
Correspondance (nf)	6	p. 50
Costume (nm)	7	p. 56
Côté (à) (adv)	14	p. 110
Coucher (se) (v)	13	p. 106
Couleur (nf)	7	p. 56
Couloir (nm)	6	p. 50
Couper (v)	8	p. 64

Désir *(nm)*	11	p. 88	....
Désirer *(v)*	2	p. 20	....
Désolé *(adj)*	5	p. 45	....
Dessert *(nm)*	8	p. 63	....
Détendre (se) *(v)*	13	p. 104	....
Devant *(prép)*	4	p. 32	....
Devoir *(v)*	13	p. 106	....
Diététicien *(nm)*	13	p. 104	....
Différent *(adj)*	15	p. 118	....
Difficile *(adj)*	13	p. 104	....
Dîner *(nm)*	9	p. 74	....
Dire *(v)*	2	p. 20	....
Discussion *(nf)*	16	p. 122	....
Discuter *(v)*	16	p. 122	....
Disposition (à votre) *(nf)*	11	p. 88	....
Distingué *(adj)*	9	p. 76	....
Divers *(adj)*	15	p. 118	....
Docteur *(nm)*	14	p. 110	....
Dommage *(nm)*	11	p. 86	....
Donner *(v)*	5	p. 46	....
Dos (sac à dos) *(nm)*	9	p. 76	....
Douche *(nf)*	3	p. 26	....
Doux/Douce *(adj)*	10	p. 82	....
Droite/Gauche *(nf)*	4	p. 32	....
Du/De la *(art)*	8	p. 62	....
Durée *(nf)*	11	p. 88	....

E ─────────────

Eau (minérale) *(nf)*	2	p. 21	....
Echauffer (s') *(v)*	13	p. 106	....
Éclaircie *(nf)*	12	p. 94	....
Éclater *(v)*	12	p. 94	....
Économie *(nf)*	15	p. 118	....
Économique *(adj)*	11	p. 88	....
Écouter *(v)*	10	p. 82	....
Écran *(nm)*	16	p. 124	....
Écrire *(v)*	9	p. 76	....
Écrivain *(nm)*	10	p. 80	....
Église *(nf)*	10	p. 82	....
Élégant *(adj)*	7	p. 58	....
Élève *(nm) (nf)*	15	p. 118	....
Elle *(pron)*	1	p. 14	....
Embrasser *(v)*	5	p. 46	....
Employé *(nm)*	1	p. 15	....

Gastronomie (nf)	10	p. 82	....
Gâteau (au chocolat) (nm)	8	p. 63	....
Genou (nm)	13	p. 106	....
Gigot (d'agneau) (nm)	8	p. 62	....
Glace (nf)	2	p. 20	....
Glaçon (nm)	2	p. 20	....
Gothique (adj)	10	p. 80	....
Gramme (nm)	8	p. 64	....
Grand (adj)	3	p. 30	....
Grand-mère (nf)	16	p. 125	....
Grand-père (nm)	16	p. 125	....
Gratin (dauphinois) (nm)	8	p. 64	....
Gratuit/Gratuitement (adj)/(adv)	2	p. 22	....
Grec (adj)	4	p. 33	....
Gris (adj)	7	p. 58	....
Guide (nm)	10	p. 80	....
Guidé (e) (adj)	10	p. 80	....
Gymnastique (nf)	13	p. 104	....

H _____

Habiter (v)	1	p. 14	....
Haricot vert (nm)	8	p. 63	....
Haut(e) (ville) (adj)	10	p. 82	....
Heure (nf)	5	p. 44	....
Heureusement (adv)	2	p. 20	....
Heureux (adj)	5	p. 46	....
Hier (adv)	2	p. 20	....
Hiver (nm)	10	p. 85	....
Homme (nm)	7	p. 58	....
Hongrois (nm)	16	p. 122	....
Hôpital (nm)	14	p. 112	....
Hôtel (nm)	3	p. 26	....

I _____

Ici (adv)	1	p. 14	....
Idée (nf)	3	p. 26	....
Il (pron)	1	p. 14	....
Il est... heures (v)	5	p. 45	....
Il faut/Il ne faut pas (v)	4	p. 34	....
Il vaut mieux (v)	14	p. 112	....
Il y a (v)	3	p. 26	....
Imaginer (v)	13	p. 106	....
Immeuble (nm)	3	p. 28	....
Impardonnable (adj)	14	p. 110	....
Important (adj)	9	p. 76	....

Information (nf)	**10**	p. 80
Informatique (nf)	**15**	p. 118
Informer (s') (v)	**14**	p. 112
Ingénieur (nm)	**1**	p. 15
Ingrédient (nm)	**8**	p. 65
Inhabituel (adj)	**16**	p. 124
Inscrit (adj)	**1**	p. 16
Inscrire (s') (v)	**13**	p. 104
Instant (nm)	**11**	p. 86
Interdiction (nf)	**4**	p. 34
Interdit (de…, à…) (adj)	**4**	p. 34
Intéressant (adj)	**6**	p. 50
International (adj)	**10**	p. 83
Internet (nm)	**16**	p. 124
Invitation (nf)	**5**	p. 46
Inviter (v)	**5**	p. 46
Italien (adj)	**4**	p. 33

J

Jamais (adv)	**15**	p. 116
Jambe (nf)	**13**	p. 106
Jambon (nm)	**8**	p. 63
Jardin (nm)	**3**	p. 28
Jaune (adj)	**7**	p. 58
Jazz (nm)	**10**	p. 82
Je/J' (pron)	**1**	p. 14
Jeune (adj)	**1**	p. 14
Jeune fille au pair (nf)	**1**	p. 15
Joie (nf)	**5**	p. 46
Joli (adj)	**10**	p. 82
Jour (nm)	**3**	p. 29
Journal/Journaux (nm)	**2**	p. 20
Journaliste (nm)	**1**	p. 14
Jupe (nf)	**7**	p. 56
Jus de fruit (nm)	**2**	p. 21
Jusqu'à (au) (prép)	**1**	p. 16
Justement (adv)	**3**	p. 26

K

Kilométrage (nm)	**11**	p. 86
Kilomètre à l'heure (km/h) (nm)	**11**	p. 87

L

La/Le (art)	**1**	p. 16
Laisser (v)	**8**	p. 62
Lait (nm)	**8**	p. 64

Langue (langues parlées) (nf)	**15**	p. 118
Large (adj)	**7**	p. 58
Le/La/Les (pron)	**6**	p. 51
Leçon (nf)	**5**	p. 44
Lever (se) / Relever (se) (v)	**13**	p. 106
Libraire (nm)/(nf)	**1**	p. 15
Lieu (nm)	**1**	p. 16
Ligne (il est en ligne) (nf)	**12**	p. 93
Liste (nf)	**15**	p. 118
Lit (nm)	**3**	p. 27
Livre (nm)	**9**	p. 77
Location (nf)	**3**	p. 28
Lointain (adj)	**11**	p. 88
Long (adj)	**6**	p. 52
Longtemps (adv)	**13**	p. 107
Louer (v)	**11**	p. 86
Luxueux (adj)	**11**	p. 88

M

Madame (nf)	**3**	p. 26
Magasin (nm)	**7**	p. 56
Magnifique (adj)	**10**	p. 82
Maigrir (v)	**13**	p. 104
Main (nf)	**13**	p. 106
Maintenant (adv)	**10**	p. 80
Mairie (nf)	**16**	p. 124
Mais (adv)	**3**	p. 26
Maison (nf)	**3**	p. 28
Maladie (nf)	**14**	p. 112
Malgré (prép)	**16**	p. 124
Malheureusement (adv)	**12**	p. 92
Manche (nf)	**7**	p. 58
Mandat (nm)	**2**	p. 22
Manger (v)	**8**	p. 64
Manteau (nm)	**9**	p. 74
Marcher (v)	**9**	p. 74
Mari (nm)	**16**	p. 123
Mariage (nm)	**5**	p. 46
Marier (se) (v)	**16**	p. 122
Marron (adj)	**7**	p. 58
Mars (mois…) (nm)	**1**	p. 16
Massage (nm)	**14**	p. 110
Match (nm)	**13**	p. 107
Matin (nm)	**5**	p. 45

Ne... pas *(adv)*	3	p. 26
Noir *(adj)*	7	p. 56
Nom *(nm)*	1	p. 16
Nombreux *(adj)*	12	p. 94
Non *(adv)*	3	p. 26
Nord *(nm)*	12	p. 94
Nous *(pron)*	3	p. 26
Nouveau/Nouvelle *(adj)*	4	p. 32
Nouvelle *(nf)*	16	p. 122
Nuageux *(adj)*	12	p. 94
Nuit *(nf)*	6	p. 52
Numéro *(nm)*	2	p. 22

O

Obligation/Obligatoire *(nf) /(adj)*	4	p. 34
Occuper de (s') *(v)*	11	p. 88
Œuf *(nm)*	8	p. 64
Offrir *(v)*	15	p. 118
Ombre *(nf)*	12	p. 92
On *(pron)*	5	p. 44
Oncle *(nm)*	16	p. 124
Opéra *(nm)*	5	p. 45
Orage *(nm)*	12	p. 92
Orange *(adj)*	7	p. 58
Où *(pron)*	1	p. 15
Oublier *(v)*	9	p. 74
Ouest *(nm)*	12	p. 94
Oui *(adv)*	1	p. 14

P

Panneau *(nm)*	4	p. 34
Pantalon *(nm)*	7	p. 57
Paraître (il paraît que) *(v)*	16	p. 122
Parapluie *(nm)*	9	p. 74
Parce que *(conj)*	12	p. 92
Parents *(nm) (pl)*	16	p. 122
Parler *(v)*	7	p. 56
Partir *(v)*	6	p. 50
Partir (à partir de) *(prép)*	5	p. 46
Pas (premier pas) *(nm)*	14	p. 110
Passeport *(nm)*	5	p. 44
Passer (la soirée) *(v)*	12	p. 92
Passer *(v)*	4	p. 32
Pâte *(nf)*	8	p. 64
Pâté (de campagne) *(nm)*	8	p. 62

Patron (nm)	9	p. 74
Payer (v)	2	p. 22
Peine (ce n'est pas la peine) (nf)	16	p. 122
Pendant (prép)	8	p. 64
Penser (v)	16	p. 122
Perdre (v)	9	p. 74
Père (nm)	15	p. 116
Permettre (se) (v)	15	p. 118
Permis (de conduire) (nm)	1	p. 16
Personne (nf)	3	p. 26
Petit (adj)	4	p. 32
Peu de (un) (adj indéfini)	8	p. 63
Peut-être (adv)	12	p. 92
Pharmacie (nf)	4	p. 33
Pharmacienne (nf)	1	p. 15
Photo (nf)	9	p. 76
Piano (nm)	5	p. 44
Pièce (nf)	3	p. 28
Pied (nm)	13	p. 106
Piscine (nf)	5	p. 45
Pizza (nf)	8	p. 63
Place (nf)	1	p. 16
Plage (nf)	5	p. 45
Plat (principal) (nm)	8	p. 62
Plein (tarif) (nm)	6	p. 50
Pleuvoir/Pluie (v)/(nf)	12	p. 92/94
Plier (v)	13	p. 106
Plus (adv)	2	p. 20
Plus de (adv)	6	p. 50
Plus/Moins (adv)	7	p. 56
Plus… que/Moins… que/Aussi… que (adv)	7	p. 57
Plusieurs (adj)	15	p. 116
Plutôt (adv)	15	p. 116
Poivre (nm)	8	p. 64
Policier/Policière (adj)	5	p. 44
Pommade (nf)	14	p. 110
Pomme (nf)	9	p. 74
Pomme de terre (nf)	8	p. 64
Port (nm)	10	p. 82
Porte (nf)	4	p. 32
Portefeuille (nm)	9	p. 74
Porter (v)	7	p. 59
Portugais (adj)	4	p. 33

Sac *(nm)*	9	p. 74	....
Saison *(nf)*	12	p. 94	....
Salade *(nf)*	8	p. 62	....
Salle *(nf)*	16	p. 124	....
Salle de bains *(nf)*	3	p. 28	....
Salon *(nm)*	3	p. 28	....
Salut *(nm)*	1	p. 14	....
Salutation *(nf)*	9	p. 76	....
Samedi *(nm)*	1	p. 14	....
Sans *(prép)*	3	p. 26	....
Saucisson *(nm)*	8	p. 63	....
Savoir (je ne sais pas) *(v)*	6	p. 50	....
Savoir gré *(v)*	15	p. 118	....
Séance *(nf)*	5	p. 44	....
Seconde *(adj)*	6	p. 50	....
Secrétaire *(nm) (nf)*	1	p. 15	....
Séjour *(nm)*	3	p. 28	....
Sel *(nm)*	8	p. 64	....
Semaine *(nf)*	3	p. 29	....
Sens *(nm)*	4	p. 34	....
Sentiment *(nm)*	9	p. 76	....
Sentir (se) *(v)*	13	p. 106	....
Séparer *(v)*	16	p. 124	....
Seul/Seule *(adj)*	11	p. 87	....
Seulement *(adv)*	8	p. 62	....
Si/Oui *(adv)*	7	p. 56	....
Signature *(nf)*	1	p. 16	....
Site *(nm)*	10	p. 82	....
Sœur *(nf)*	16	p. 122	....
Soir *(nm)*	5	p. 45	....
Soirée *(nf)*	5	p. 46	....
Soit *(adv)*	2	p. 22	....
Soit... soit *(conj)*	15	p. 118	....
Soleil *(nm)*	12	p. 92	....
Solution *(nf)*	3	p. 26	....
Sortir *(v)*	9	p. 74	....
Souhaiter *(v)*	11	p. 86	....
Souvenir (se) *(v)*	15	p. 116	....
Sport *(nm)*	13	p. 105	....
Sportif *(adj)*	14	p. 111	....
Stage *(nm)*	15	p. 116	....
Stationner/Stationnement *(v)/(nm)*	4	p. 34	....
Steak *(nm)*	8	p. 63	....

Sud *(nm)*	**10**	p. 82
Suédois *(adj)*	**4**	p. 33
Suivre *(v)*	**13**	p. 104
Supposer *(v)*	**6**	p. 50
Sur *(prép)*	**3**	p. 26
Sûr *(adj)*	**6**	p. 50
Surtout *(adv)*	**13**	p. 104
Sympathique *(adj)*	**9**	p. 74

T

Tabac *(nm)*	**2**	p. 20
Table *(nf)*	**8**	p. 62
Tableau *(nm)*	**10**	p. 80
Taille *(nf)*	**7**	p. 56
Tailleur *(nm)*	**7**	p. 57
Talons (chaussures à…) *(nm) (pl)*	**7**	p. 58
Tant pis *(adv)*	**3**	p. 26
Tante *(nf)*	**16**	p. 124
Tard (un peu plus tard) *(adv)*	**12**	p. 93
Tarif *(nm)*	**6**	p. 50
Tarte (Tatin) *(nf)*	**8**	p. 62
Taxi *(nm)*	**9**	p. 76
Technologie *(nf)*	**16**	p. 124
Téléphone (compact) *(nm)*	**2**	p. 22
Téléphoner *(v)*	**5**	p. 46
Télévision *(nf)*	**3**	p. 26
Tellement (pas tellement) *(adv)*	**15**	p. 116
Température *(nf)*	**12**	p. 94
Temps *(nm)*	**10**	p. 82
Tendre (bras tendus) *(v)*	**13**	p. 106
Tenir (tiens !) *(v)*	**5**	p. 44
Tennis *(nm)*	**5**	p. 44
Terminer *(v)*	**10**	p. 80
Terre (par terre) *(nf)*	**13**	p. 106
Tête *(nf)*	**14**	p. 110
T.G.V. *(nm)*	**6**	p. 52
Thé *(nm)*	**2**	p. 21
Théâtre (municipal) *(nm)*	**4**	p. 33
Timbre *(nm)*	**2**	p. 20
Toujours *(adv)*	**11**	p. 86
Tour *(nf)*	**4**	p. 33
Touriste *(nm) (nf)*	**10**	p. 80
Tourner *(v)*	**4**	p. 34
Tout droit *(adv)*	**4**	p. 32

Tout le monde (nm)	16	p. 124
Tout près de (d'ici) (prép)	4	p. 32
Toutes (tous…) (adj)	3	p. 26
Traditionnel(le) (adj)	16	p. 124
Train (nm)	6	p. 50
Tranche (nf)	8	p. 64
Travailler (v)	1	p. 14
Traverser (v)	4	p. 34
Très (adv)	1	p. 14
Trop (adv)	13	p. 104
Trouver (v)	7	p. 56
Trouver (se) (v)	10	p. 80
Tu (pron)	1	p. 14
Type (nm)	11	p. 86

U

Un/Une/Des (art)	2	p. 20
Utile (adj)	15	p. 118

V

Vaccination (nf)	14	p. 112
Valable (adj)	1	p. 16
Vanille (nf)	2	p. 20
Varier (v)	12	p. 94
Vélo (nm)	13	p. 105
Vendeuse (nf)	7	p. 56
Vendre (v)	3	p. 28
Venir (v)	3	p. 104
Vente (nf)	3	p. 28
Ventre (nm)	13	p. 106
Verre (nm)	2	p. 20
Vers (prép)	9	p. 76
Verser (v)	8	p. 64
Vert/Verte (adj)	4	p. 32
Veste (nf)	7	p. 58
Vêtement (nm)	7	p. 57
Viande (nf)	8	p. 63
Vie (nf)	11	p. 88
Vieux / Vieille (adj)	10	p. 82
Ville (nf)	10	p. 82
Vin (nm)	10	p. 83
Virtuel (adj)	16	p. 124
Visioconférence (nf)	16	p. 124
Visiter (v)	6	p. 52
Visiteur (nm)	10	p. 82

CRÉDITS PHOTOS

p. 22 © Cinéscénie du Puy du Fou / Archives Nathan
p. 26 hg : Roger-Viollet / Archives Nathan
p. 26 hgm : Archives Nathan
p. 26 hdm : Archives Nathan
p. 26 hd : RMN / P. Schmidt
p. 42 : Hoa Qui / B. Perousse
p. 43 : Archives Nathan
p. 49 : Marco Polo / F. Bouillot
p. 54 : Hoa Qui / G. Guittard

Édition : Martine Ollivier
Conception et réalisation : Alinéa
Couverture : Nadia Maestri
Illustrations : Daniel Guerrier
Recherche iconographique : Nadine Gudimard

N° de projet : 10221950 - Dépôt légal : août 2009
Achevé d'imprimer en France en janvier 2016 sur les presses de JOUVE, Mayenne - N° 2288613Z